신비적 사실인 그리스도교
그리고 고대의 신비들

일러두기

- 그리스도교 성서 구절의 인용은 그리스도교인이 아닌 독자의 올바른 이해를 위하여, 역자와 루돌프 슈타이너 전집출간위원회가 각종 용어와 문장이 우리말 어법에 가장 가깝다고 판단한 〈한국 천주교회 공동 번역본〉(2005년 발행)을 사용했다.
그러나 이 번역본의 사용은 역자, 한국 슈타이너 인지학센터, 루돌프 슈타이너 전집출간위원회 구성원의 종교적 지향과 전적으로 무관하다.
- 신학, 철학 등 전문 분야의 인용문은 국내 출판물의 번역본을 사용하기보다는, 독자의 이해를 고려하여 역자와 루돌프 슈타이너 전집출간위원회의 협의로 쉬운 우리말로 옮기는 것을 원칙으로 했다. 또한 인명, 지명 등의 우리말 번역은 국립국어원의 외래어 표기법을 따르는 동시에, 라틴어와 고대 그리스어 기반의 지명을 포함하여 표기법 기준이나 해당 분야의 통상적인 표기가 정확하지 않다고 판단되는 경우에는 루돌프 슈타이너 전집출간위원회가 독자적으로 표기했다.

Rudolf Steiner :
Das Christentum als mystische Tatsache und die Mysterien des Altertums (GA 8) ⓒ Rudolf Steiner Verlag, Dornach
Korean language edition:
ⓒ 2025 Korea Anthroposophy Publishing, Seoul

루돌프 슈타이너 전집 인지학 6

신비적 사실인 그리스도교
그리고 고대의 신비들

1판 1쇄 발행 2025년 8월 11일

지은이. 루돌프 슈타이너
옮긴이. 모명숙

발행인. 이정희
발행처. 한국인지학출판사 · 한국슈타이너인지학센터 www.steinercenter.org
주소. 05659 서울특별시 송파구 마천로 76 성암빌딩 5층
전화. 02-832-0523
팩스. 02-832-0526

기획제작. 씽크스마트 02-323-5609

ISBN. 979-11-92887-06-7 (03370)

- 이 책은 한국인지학출판사가 스위스 도르나흐 소재 "루돌프 슈타이너 유고관리기구Rudolf Steiner-Nachlaß Verwaltung"의 허락을 받아 1925년 제5판을 텍스트로 하여 번역, 출간한 것입니다.
- 잘못된 책은 구입한 서점에서 바꿔 드립니다.
- 이 책의 내용, 디자인, 이미지, 사진, 편집구성 등을 전체 또는 일부분이라도 사용할 때에는 발행처의 서면으로 된 동의서가 필요합니다.

> 이 책은 사단법인 한국슈타이너인지학센터의 〈든든버팀목〉 정기후원자, 〈인지학 출판프로젝트 2025〉, 송광수 님과 박용옥 이사님의 특별 후원으로 제작되었습니다.
>
> 후원계좌 / 신한은행 140-009-321956(한국슈타이너인지학센터)

전집에 포함된 루돌프 슈타이너의 저서들은 전집 목록 번호(GA)와 함께 표기했다.

신비적 사실인 그리스도교
그리고 고대의 신비들

Das Christentum als mystische Tatsache
und die Mysterien des Altertums

루돌프 슈타이너 Rudolf Steiner
모명숙 옮김

한국인지학출판사
KOREA ANTHROPOSOPHY PUBLISHING

목차

초판 서문 (1902) • 6

2판 서문 • 11

I. 관점들 • 15

II. 신비, 그리고 신비의 지혜 • 23

III. 신비의 지혜에 비추어 본 플라톤 이전의 그리스 현자들 • 48

IV. 신비가 플라톤 • 69

V. 신비의 지혜와 신화 • 94

VI. 이집트의 신비의 지혜 • 121

VII. 복음서 • 139

VIII. 라자로의 기적 • 150

IX. 요한묵시록 • 166

X. 예수, 그리고 그의 역사적 배경 • 184

XI. 그리스도교의 본질에 대하여 • 189

XII. 그리스도교와 이교적 지혜 • 199

XIII. 아우구스티누스와 교회 • 210

몇 가지 부언 • 221
이 발행본을 위한 주석 • 225
인명색인 • 241
참고문헌 • 243

초판 서문 (1902)

(초판 이후에는 실리지 않음)

브뤼셀의 비르츠Wiertz박물관에는 "미래 인간 앞에 있는 현재의 것들"이라는 그림이 있다. 앙투안 비르츠Antoine Wiertz(1806~1865)라는 이 흥미로운 화가는 어느 거인을 그렸는데, 거인은 손에 든 작은 물건들 - 우리 시대의 대포, 왕홀, 훈장, 개선문, 정당 깃발 - 을 부인과 자녀들에게 보여주고 있다. 우리의 사고세계와 문명에 비하면 정신적으로 거대한 미래의 사고세계와 문명의 관점에서 볼 때 이런 "우리 시대의 업적들"은 아주 미미한 것일 뿐이다. 이 그림에 담긴 원래의 예언자적 관념을 배제한다고 해도, 정신적 발달을 관찰하는 사람이 이 그림 앞에 선다면 다른 생각이 떠오를 것이다. 현재 우리의 사고 세계는 미래의 그것에 비하면 미미한 것으로 보이지 않을까? 또한 우리의 많은 동시대인들이 세계와 인간의 본질에 대해 우리 선조들이 가졌던 "유치한" 사유를 "자연 인식의 엄청난 발전"에 바탕을 둔 "새로운 신조信條들"로 "넘어섰다"고 여기는 오만은 얼마나 큰 세계사적인 죄일까?

어떤 교회의 주된 가르침에 사로잡히지 않고 모든 면에서 오늘날의 자연 인식이라는 바탕 위에 서 있기만 한 사람이라면 그런 생각을 하게 되지는 않을 것이다. 아니면 그런 입장을 가지기만 해도 그럴 것이다. 가장 미미한 것에서 인간에 이르는 생명체를 추적하면서 상위의 것을 향하는 *발달*이라는 관점에서 모든 생명의 연관성을 관찰하는 것으로 충분하다. 우리 가운데 많은 이는 어떤 경우에도 헤켈의 "자연적인 창조 역사"를 어떤 "초자연적인 창조 역사"로 혼동하지 않을 것이다. 그럼에도 불구하고 "다윈주의가 해석하는 자연적인 생명과 인간의 고차적 본질"의 대립을 볼 때 그들은 마음 깊은 곳에서 일어나는 고통스러운 불만을 느낀다. (로자 마이레더Rosa Mayreder의 "새로운 종교"라는 논문에 등장하는 훌륭한 서술에서도 이런 불만은 잘 드러난다. 〈비엔나 의학 평론〉 45호, 1901 참조)

근대적인 사유 발달의 속내를 들여다볼 수 있는 사람에게는 우리 문화인류의 삶을 이루는 두 가지 요소 사이의 깊은 단절이 드러난다. 이 문화인류의 지성은 자연에 적합한 세계 설명에만 만족감을 느끼며, 그 *마음*은 천년이 넘도록 이어져온 교육과 생생한 전통이 넣어준 감정에 좌우된다. 지성과 정서 사이에는 그 어떤 조화도 존재하지 않는다. "학문은 언제나 이성적인 통찰에 호소하고, 종교는 불가해한 것을 그저 믿고 받아들이라고 요구한다." (위 논문에서 한 로자 마이레더의 언급)

우리가 스스로에게 물어봐야 할 것은 이렇다. "그런 대립은 필연적인 것인가, 아니면 오늘날의 문화인류가 자신의 이성으로 진실이라고 인정할 수밖에 없는 것을 고양된 마음으로 기꺼이 느끼는 수준에는 아직 도달하지 않은 것인가?" 이 질문에 대해서는 "우리는 자연 인식을 *이해*하지만, 아직 그것을 *체험*하지 못한다"라고만 대답할 수 있을 뿐인 듯 보인다.

사실 우리는 우리의 자연 인식을 *체험*하지 못한다. 《그리스도교의 본질Das Wesen des Christentums》(12쪽)에 나오는 하르나크의 서술을 기꺼워할 사람이 많을 것이다. "인류가 요구하는 고차적 기쁨, 그리고 인류가 얻으려 애쓰는 명료함, 확실함, 힘 등이 지식과 인식의 정도에 좌우된다면, 인류는 얼마나 절망할 것인가." 그런 경우 인류는 자신의 지성과 더불어 "과학"을 신봉하게 된다. 그래야 또 다른 원천에서 나오는 것으로 자기 가슴의 갈망을 채울 수 있을 것이기 때문이다.

이를 아는 사람은 자연 인식이라는 바탕 위에 확고히 서있다고 해도 그것을 *체험하지는 못한다*는 사실을 어디서나 확인할 수 있다. 그 자연 인식의 대가조차도 그것을 체험할 수 없는 것이다. 필자처럼 *에른스트 해켈Ernst Haeckel*을 마음 깊이 존경하는 사람이라면, "그리스도교를 향해 던진 해켈의 공격적인 말(《세계라는 수수께끼》참조)에서 종종 그는 그리스도교의 오해가 마음에 넣어준 감정을 듣는다"는 그의 말을 오해하지 않을 것이다. 그렇지 않다면 자연에 적합한 발달을 옹호하는 사람은 그리스도교를 자연법칙에 따른 발달의 결과물로 파악하지 않을까? 그런 사람은 자연의 발달 단계에서 인간이 자신의 동물적인 "선조"와 연결되는 것처럼 우리가 이전의 사유 세계와 연결된다는 진리를 *체험*한다는 것을 과연 모를까? "그리스도교 신자"는 자신이 유일하고 독점적인 진리를 지니고 있다고 믿을 것이다. 그런데 이는 자기 진리의 "선조"를 그 합당한 *발달*을 통해 추적하지 않고 그저 유치한 신조로 치부하는 사람에게는 어울리지 않는 너무나 "그리스도교적"인 생각이다. "진리"를 *이해*하는 데 그치지 않고 그 진리 안에서 살며 그 진리와 더불어 산다면, 그런 사람은 자연의 모든 것이 그렇듯 그치지 않는 흐름 안에서, 언제나 자연법칙에 따라 더 나은 방향으로 이루어지는 *발달*에서 그 진리를 발견한다.

사람들은 이전의 것, 이전의 진리에서 자연에 따라 이루어지는 발달에서 우리 지성이 고백하는 진리를 만나면 진심으로 지성을 따르게 된다. 그러나 그 지성이 자연 인식에, 그리고 알지 못하는 사이에 그 마음이 강하게 교회의 전승에 의지하는 사람은 신체 구조에서 이미 오래 전에 어류의 단계를 넘어섰음에도 여전히 물속에서 헤엄치고 싶어하는 생명체와 마찬가지이다.

그것은 이 책에서 그리스도교의 발달을 다루는 한 부분으로 다루는 관념이다. 저자는 정말로 타당한 자연 인식에 비추어 정당화할 수 없는 것은 단 한 줄도 쓰지 않으려 했다. 또한 우리 시대의 많은 자연과학자들의 조야한 물질주의적 이해와 맞아떨어지는 것도 마찬가지였다.

이 "머리말"에서 독자에게는 저자의 사유세계와 아무런 관련이 없겠지만 어쩌면 저자에게는 아주 특별한 의미가 있는 개인적인 것을 언급해도 될 것이다. 먼저 브록도르프Brockdorf 백작 부부에게 진심

어린 감사의 말을 전하고 싶다. 그들의 요청으로 지난 겨울 저자는 이 책에 담긴 관념을 이전의 저서 《근대 정신활동 출현기의 신비주의》의 내용과 함께 베를린 신지학도서관에서 열린 연속강연에서 펼칠 수 있었다. 또한 비엔나의 친구들인 로자 마이레더와 모리츠 치터 Moritz Zitter 두 사람에게도 깊은 우정의 표시로 이 책을 선사하고 싶다. 참된 인식을 향한 저자의 노력에 오랜 세월 동행해 온 이 두 사람에게 필자는 이 책의 저술을 마무리하면서 진심 어린 인사를 보내는 바이다.

루돌프 슈타이너

2판 서문

필자가 본서에 《신비적 사실인 그리스도교》라는 제목을 붙인 것은 1902년에 했던 강연들의 내용을 지금으로부터 8년 전에 요약했을 때였다. 이 제목으로 본서의 특성을 짐작할 수 있도록 하려는 것이었다. 본서에서 저자는 그리스도교의 신비적 내용을 역사적으로 서술하려 한 것이 아니라 그리스도교의 생성을 신비적 직관을 통해 묘사하려 했다. 그 근저에는 신비적 직관을 통해서만 볼 수 있는 정신적 사실들이 그리스도교의 생성에 작용했다는 생각이 있었다. 본서의 내용만 보더라도, 저자가 "신비적"이라고 일컫는 통찰은 "엄밀한 과학적 설명"보다는 불확실한 감정적 인식에 더 의존하는 것이 아님을 확인할 수 있을 것이다. 오늘날 "신비주의"는 그렇게 감정적 인식에 기대는 직관으로 이해되는 것이 보통이고, 그래서 신비주의를 "순수 과학"과는 무관한 인간적인 영혼 활동의 한 분야로 설명하는 사람들도 많을 것이다. 본서에서 "신비주의"라는 말은 정신적인 삶 자체를 원천으로 할 때에만 그 본질을 인식할 수 있는 정신적 사실을 묘사하기 위해 사용된다. 그런 원천에서 얻어지는 종류의 인식을 거부하는 사람은 본서의 내용에 대해 어떤 의견도 가질 수 없을 것이다. 자연 과학적 사실들을 올바르게 서술할 때와 같은 명확성이 신비주의에서도 지배적일 수 있다는 의미에서 그 "신비주의"를 인정하는 사람만이 이 저술에서처럼 신비주의인 그리스도교의 내용을 신비적으로 묘사하는 일에도 동참할 것이다. 왜냐하면 저술의 내용만이 아니라 무엇보다도 어떤 인식 수단들에 의해 서술되는가 하는 것이 중요하기 때문이다.

오늘날 그런 인식 수단들을 맹렬히 거부하는 사람들은 여전히 많다. 그들은 그런 인식 수단들이 진정한 과학적 엄밀성에 반한다고 여긴다. 그리고 이는 자신들의 의미로 "순수한 자연과학적 인식들"을 토대로 한다고 여기는 세계관을 인정하려는 사람들만 아니라 그리스도교 신자로서 그리스도교의 본질을 고찰하려는 사람들의 경우에도 해당된다. 본서의 저자는 오늘날의 자연과학적 성과들이 스스로 진정한 신비주의로의 고양을 요구하고 있음을 통찰하는 견해를 토대로 한다. 이런 견해는 인식에 대한 다른 입장이 특히 이 자연과학적 성과들이 제공하는 모든 것과 모순된다는 사실을 보여줄 수 있다. 자연과학의 확고한 토대 위에 있다고 생각하는 상당수의 사람들이 유독 사용하고 싶어하는 인식 수단들로는 이런 자연과학의 사실들을 포괄할 수 없는 것이다.

오늘날 이토록 감탄을 자아내는 우리의 자연 인식에 대한 완전한 이해가 순수한 신비주의와 모순되지 않음을 인정하는 사람만이 이 책을 거부하지 않을 것이다.

여기서 "신비적 인식"이라고 불리는 것을 통해 본서에서 보여주려는 것은, 어떻게 그리스도교 탄생의 전제 조건들이 예수 이전 시대의 신비들에서 마련되었는가 하는 점이다. 이 "예수 이전의 신비주의"는 그리스도교가 독자적 형태의 싹으로 자라날 토대를 보여준다. 이 관점은 그리스도교의 발생을 예수 이전의 신비주의를 근거로 추적함에도 불구하고 그리스도교의 독자적인 본질을 이해할 수 있게 해준다. 이런 관점을 도외시하면, 예수 이전의 신비주의에 이미 있었던 것이 그리스도교에서 더욱 발달했을 뿐이라고 여겨 쉽사리 그리스도교 발생의 독자성을 부인하게 된다. 오늘날의 많은 견해들이 이런 오류에 빠지는데, 그리스도교의 내용을 예수 이전의 신비적 직관들과 비교하고, 그런 다음 그리스도교적 직관이란 예수 이전의 직관들이 한층 발달한 것에 불과하다고 여기게 되기 때문이다. 본서는 식물의 싹이 땅을 전제로 하듯이 그리스도교가 그 이전의 신비주의를 전제로 하고 있음을 보여줄 것이다. 이는 그런 특성을 지닌 그리스도교의 본질을 그리스도교의 발생에 대한 인식을 통해 강조할지언정 지워 없애지는 않을 것이다.

필자는 "그리스도교의 본질"에 대한 이런 설명에 동의를 표한 인물이 있음을 기꺼이 언급하고 싶다. 그 인물은 인류의 정신 활동에 관한 의미심장한 글들을 통해 우리 시대의 교양을 진정으로 풍요롭게 해주었다. 그는 《신비주의의 위대한 전수자들Les Grands Initiés》[1]의 저자 에두아르 쉬레Edouard Schuré(1841~1929)로, 본서를 《고대 신비와 그리스도교 신비Les mystéres antiques et les mystéres chrétiennes》라는 제목을 달아 프랑스어로 번역했을 만큼 본서의 관점에 동의했다. 그리고 본서의 초판이 프랑스어 외에도 유럽의 여러 언어로도 번역되었다는 사실은 오늘날 그리스도교의 본질을 본서의 의미에서 이해하고자 하는 갈망이 존재한다는 것을 말해주는 징후라고 하겠다.

본서의 2판을 준비하면서 필자는 초판의 그 어떤 본질적인 부분을 바꿀 필요성을 느끼지 못했다. 그 대신 2판에서는 8년 전 서술이 확장되어 있다. 또한 많은 것을 그 당시보다 더 정확하고 상세하게 파악하려 애썼다. 안타깝게도 필자의 일이 많았던 관계로 초판이 절판되고 2판이 출간될 때까지는 오랜 시간이 걸릴 수밖에 없었다.

1910년 5월, 루돌프 슈타이너

---

[1] 이 책은 마리 슈타이너에 의해 독일어로 번역되었다. 《Die großen Eingeweihten》, 완역판, 뮌헨 1956.

I.

관점들

1   자연과학적 사고는 근대의 표상 활동에 깊은 영향을 미쳤다. 자연과학의 표상 방식과 인식에 맞서지 않으면, 정신적 욕구에 대해, 즉 "영혼의 활동"에 대해 말하기가 점점 더 불가능해진다. 물론 정신 활동에서 자연과학적 사조의 일이나 활동에 개의치 않고 정신적 욕구를 충족시키는 사람들도 많다. 시대의 맥박 소리를 듣는 사람들이 그런 사람들에 속할 리는 없다. 자연 인식에서 생겨난 표상들이 점점 더 빨리 사람들의 머리를 사로잡고 있다. 그리고 그다지 내키지도 않고 때론 겁먹고 주저하면서도 그것들은 마음도 사로잡는다. 문제는 그런 표상들에 사로잡힌 사람들의 숫자만이 아니다. 그보다는 자연과학적 사고에 내재하는 힘이 의구심을 갖는 사람에게도 다음과 같은 확신을 준다는 것이 문제이다. 자연과학적 사고에는 오늘날의 세계관이 중요한 인상들을 받아들이지 않은 채 그냥 지나칠 수 없는 무엇인가가 담겨 있다는 것이다. 그런데 자연과학적 사고의 많은

폐해가 그 표상들을 마땅히 거부하게 *만든다*. 많은 사람들이 자연과학적 사고방식에 관심을 기울이고 마법에 걸린 것처럼 이 사고방식에 사로잡히는 시대가 이대로 계속될 수는 없다. 참된 지식이 어떻게 스스로 물질주의의 "힘과 물질에 관한 얕은 지혜"를 "오래 전에" 넘어서게 되었는지 통찰하는 사람들이 있다고 해도 이런 사정은 전혀 달라지지 않는다. 오히려 자연과학적 표상들이야말로 새로운 종교의 토대가 되어야 한다고 대담하게 선언하는 사람들을 주목해야 할 것처럼 보인다. 인류의 한층 깊은 정신적 관심사들을 알고 있는 사람은 그런 표상들이 얕고 피상적으로 여겨진다 해도 그것들에 귀를 기울여야 한다. 왜냐하면 오늘날 그 표상들에 관심이 쏠리고 있기 때문이다. 그리고 그 표상들이 가까운 미래에 점점 더 주목받게 될 것이라고 생각할 만한 여러 이유가 있다. 또한 마음의 관심사를 가지고도 머리의 관심사를 넘어서지 못하는 사람들도 문제된다. 지성으로는 자연과학적 표상에서 벗어날 수 없는 사람들이 그렇다. 증거를 내놓아야 한다는 책임이 그들에게 부담이 된다. 그러나 그들이 지닌 정서의 종교적 욕구는 자연과학적 표상들로 충족될 수 없다. 종교적 욕구를 충족시키기에는 이 표상들이 제시하는 전망이 너무 절망적이다. 인간 영혼은 과연 정점에 도달한 진·선·미에 감격하다가 물질적인 뇌가 일으킨 포말처럼 종국에는 어쨌든 실체 없이 다 사라져야 하는 것일까? 그것은 많은 사람들을 악몽처럼 짓누르는 감정이다. 그리고 자연과학적 표상들이 그들에게 부담이 되는 것은, 그것들이 엄청난 권위적인 힘으로 뇌리를 파고들기 때문이기도 하다. 그런 사람들은 영혼에서 벌어지는 이런 갈등을 되도록 못 본 척한다. 심지어 그들은 인간 영혼에서 일어나는 이런 일들은 완전히 명료해지지 않는다고 말함으로써 스스로를 위로한다. 그들은 감각의 경험과 지성의 논리가 요구하는 한 자연과학적으로 생각한다. 그러나 그들은 습관화된 종교적 감정들을 유지하고, 가급적 이런 일들에 관해서는 지성을 흐리게 하는 어둠 속에 머문다. 그들은 명료한 것을 찾아낼 용기가 없다.

2   이처럼 자연과학적 사고방식이 근대의 정신 활동에서 가장 강력한 힘이라는 사실에는 의심의 여지가 없다. 그리고 인류의 정신적 관심사들에 대해 말하는 사람이라면 자연과학적 사고방식을 무심히 지나쳐서는 안 된다. 그러나 자연과학적 사고가 무엇보다 정신적 욕구들을 충족시키는 방식에서 피상적이고 얕다는 것도 의심의 여지가 없다. 그런 사고방식이 옳다면 절망적일 것이다. 또 다음과 같은 말에 동의해야 한다면 우울해지지 않을까?

"사고는 힘의 한 형태다. 우리를 *사고하게* 하는 힘은 *걷게* 하는 힘과 같다. 인간은 여러 형태의 힘을 사고력으로 변화시키는 유기체로, 우리는 양분이라는 것으로 그 유기체의 활동을 유지하고, 그 유기체로 사고라는 것을 만들어낸다. 소량의 양분만으로도 〈햄릿〉 같은 숭고한 비극이 나올 수 있었다니, 얼마나 놀라운 화학적 과정인가!"

이것은 로버트 G. 잉거솔Robert G. Ingersoll의 소책자 《현대판 신들의 황혼》에 적혀 있는 말이다. 이런저런 사람이 그런 생각들을 말할 때 거의 동의를 얻지 못하는 것처럼 보여도 상관없다. 요점은 무수히 많은 사람들이 설령 그렇게 생각하지 않을지라도 자연과학적 사고방식으로 인해 전술한 인용문의 의미에서 세계의 사건들에 대한 입장을 강요받는다고 여긴다는 것이다.

3   최근의 자연과학적 선각자들 중 많은 이들이 선언하는 신조를 자연과학 자체가 강요한다면, 이런 일들은 분명히 절망적일 것이다. 자연과학의 내용으로부터 자연 영역에서 만큼은 자연과학적 사고방식이 유효하고 그 방법들이 흔들리지 않는다는 확신을 얻은 사람에게 가장 절망적일 것이다. 왜냐하면 그런 사람이라면 다음과 같이 생각할 수밖에 없기 때문이다. 사람들이 각각의 문제를 놓고 아주 심하게 옥신각신하고, "생존 경쟁"과 그 무의미성, 즉 "자연 번식"의 "전능함" 또는 "무력함"에 관해 책을 쓰고 관찰한 바를 모은다면, 자연과학 자체가 일정한 한계 내에서 점점 더 수준 높은 동의를 얻어야 하는 방향으로 움직일 것이라고 말이다.

4   그런데 자연과학의 몇몇 대표자들이 말하는 요구들이 정말로 자연과학의 요구일까? 사실은 그렇지 않다는 것을 하필 그 대표자들의 행동 자체가 증명한다. 자연과학 영역에서 그들이 하는 행동은 많은 사람이 설명하거나 다른 영역들에 대해 요구하는 행동과는 다

른 것이다. 찰스 다윈Charles Robert Darwin과 에른스트 해켈Ernst Haeckel이 생명과 생물의 구조를 관찰하는 대신 실험실에 가서 어떤 유기체에서 잘라낸 조직 한 조각에 관해 화학 실험을 수행했다면 언젠가 생명 발달의 영역에서 위대한 발견을 했을까? 지질학자 찰스 라이엘Charles Lyell이 지구의 여러 층과 그 성분을 조사하는 대신 무수히 많은 암석을 그 화학적 특성들에 근거하여 검토했다면 지각地殼의 발달을 설명할 수 있었을까? 근대의 과학 발전 내에서 기념비적인 인물들인 이 학자들의 자취를 따라 걸어 보라! 그러면 우리는 이 학자들이 자연 관찰이라는 분야에서 한 것처럼 정신 활동의 고차적 영역들에서도 그렇게 할 수 있을 것이다. 그러고 나면 놀라운 화학적 과정이 소량의 양분을 "숭고한" 햄릿 비극으로 바꿔 놓았다고 말하는 사람이 그 비극의 본질을 이해했다고 생각하지는 않을 것이다. 그렇게 생각하지 않는 것은, 어떤 자연과학자가 열이 화학 증류기 속의 유황에 미치는 영향을 연구하면서 지구의 발전에서 열이 하는 일을 이해했다고 진심으로 생각할 수 없는 것과 마찬가지다. 또한 자연과학자는 머리에서 뇌의 한 부분을 떼어 내어 알칼리액이 그것에 어떤 영향을 미치는지 연구함으로써 인간의 뇌의 구조를 이해하려 하지 않는다. 그보다는 뇌가 초기 유기체들의 기관에서 발달하는 가운데 어떻게 형성되었는지를 숙고하면서 뇌의 구조를 이해하려고 한다.

5   정말이지 정신의 본질을 연구하는 사람은 자연과학으로부터 배울 수밖에 없다. 그는 실제로 자연과학이 하는 대로 하기만 하

면 된다. 다만 자연과학의 대표자들이 제각기 가르치려는 것에 속아서는 안 된다. 그는 자연과학의 대표자들이 물질적 영역을 연구하는 것처럼 정신적 영역을 탐구해야 한다. 하지만 자연과학자들이 순전히 물질적인 것에 관한 생각에 잠긴 상태로 정신 세계에 대해 생각하는 견해들을 넘겨받을 필요는 없다.

6   인간의 정신적 발달 과정을 자연과학자가 감각 세계를 관찰하듯 객관적으로 들여다볼 때에만 자연과학의 의미에서 행동하는 것이 된다. 물론 정신 활동의 영역에서 생겨나는 고찰 방식은 단순히 자연과학적인 것과는 구별되는데, 이는 지질학적인 고찰 방식이 단순히 물리학적인 것과 다르고 생명 발달의 연구가 단순한 화학적 법칙의 탐구와 구별되는 것과 마찬가지다. 그 결과, 자연과학적인 방법일 수는 없지만 의미상으로는 전적으로 자연과학적인 고차적 방법들이 나온다. 그래서 자연과학의 편파적인 견해 상당수는 어떤 다른 관점에 의해 수정되거나 교정될 것이다. 하지만 동시에 사람들은 그저 자연과학을 계속할 뿐, 자연과학을 훼손하지 않는다. 그런 방법들만 있어도 그리스도교 등의 종교의 표상 세계의 정신적 발달과 정신적 발달 안으로 정말로 파고들 수 있다. 그런 방법들을 쓰는 사람은 자연과학적으로 생각한다고 믿는 상당수 인물들의 반박을 야기할 수 있다. 하지만 그는 자신이 정말로 자연과학적인 표상 방식과 완전히 일치되어 있음을 알고 있다.

7 자고로 연구자라면 정신 활동의 기록물에 대한 단순히 역사적인 연구도 넘어서야 한다. 그가 그렇게 해야 하는 것은 바로 자연적 사건의 고찰에서 얻는 신념 때문이다. 법칙의 발견을 가져온 증류기와 배양 접시와 핀셋을 묘사하는 것은 화학 법칙의 설명에서 별로 가치가 없다. 그런데 그리스도교의 생성을 설명하기 위해 복음사가 루카가 직접 모았거나 요한의 "묵시록"을 구성한 사료들을 확인하는 것도 마찬가지다. "역사"는 실제 연구의 준비 단계에 불과할 수 있다. 기록물의 역사적 생성을 추적한다고 해서, 모세 5경이나 그리스 신화의 전승들에 주로 나타나는 표상들에 관해 알게 되는 것은 아니다. 그 표상들은 기록물에서 외적인 표현을 찾아냈을 뿐이다. 그리고 "인간"의 본질을 탐구하려는 자연과학자도 "인간"이라는 단어가 어떻게 생겨났는지, 또 언어적으로 어떻게 발전했는지 추적하지 않는다. 자연과학자는 문제를 표현하는 낱말이 아니라 문제를 붙들고 늘어진다. 그리고 정신 활동을 연구하는 자는 외적인 기록물이 아니라 정신을 고수해야 할 것이다.

II.

신비, 그리고 신비의 지혜

1   고대의 여러 문화권에서 토속종교들이 줄 수 있는 것보다 더 깊은 종교적 활동과 인식 활동을 추구하는 사람들이 정신적 욕구를 충족시켰던 방식은 신비로운 베일 같은 것으로 덮여 있다. 그런 정신적 욕구의 충족을 탐색해 보면, 우리는 비밀에 싸인 제식祭式이라는 어둠에 이르게 된다. 정신적 욕구의 충족을 얻은 사람이 잠시 우리의 시야를 벗어나는 것이다. 우리는 먼저 어째서 토속종교가 그런 사람이 마음 깊이 찾는 것을 제공하지 못하는지 알게 된다. 그런 사람은 신을 인정한다. 하지만 신에 관한 일상적인 직관으로는 현존의 큰 수수께끼가 밝혀지지 않는다는 것을 알게 된다. 그래서 그는 사제 현자들의 공동체가 주도면밀하게 지켜온 지혜를 구한다. 그는 진리를 추구하는 영혼을 위한 이 공동체에 귀의한다. 현자들이 그를 준비된 사람으로 인정하면, 그는 국외자의 눈에 뜨이지 않게 현자들의 안내를 받아 점차 고차적인 통찰에 이르게 된다. 그런 다음 그에게 일어나는

일은 비전수자들에게 드러나지 않는다. 한동안 그는 마치 비밀의 세계로 옮겨진 듯 현세에서 완전히 사라진 것처럼 보인다. 그리고 다시 모습을 드러낼 때 그는 다른 인물, 완전히 바뀐 인물로 우리 앞에 있게 된다. 그는 자신이 체험한 것이 얼마나 의미 있었는지를 제대로 표현할 고상한 말을 찾지 못한다. 그는 비유가 아니라 완전히 현실적으로 죽음을 지나 고차적인 새로운 생명으로 깨어난 것처럼 보인다. 그리고 똑같은 것을 체험하지 못한 사람이면 누구도 자신의 말을 제대로 이해할 수 없다는 것을 그는 분명히 안다.

2   사람들에게는 숨겨져 있지만 가장 고차적인 질문들에 답하는 비밀스러운 지혜의 내용을 신비를 통해 전수받은 인물들의 경우가 그러했다. 선택 받은 이들의 이 "비밀스러운" 종교가 토속종교와 나란히 존재했다. 역사적 시각에서 보면 "비밀스러운" 종교의 기원은 민족들의 기원이라는 어둠에 묻혀 희미해진다. 민족들의 기원을 통찰할 수 있다면, 고대 민족들 어디에서나 그런 종교를 찾아볼 수 있다. 이 고대 민족들의 현자들은 최고의 경의를 표하며 신비에 대해 말한다. 신비에는 무엇이 숨겨졌는가? 그리고 신비는 신비를 전수받은 사람에게 무엇을 드러냈는가?

3   고대인들이 신비를 위험한 것으로도 여겼음을 생각하면, 신비가 드러나는 현상은 더욱 불가사의한 수수께끼처럼 된다. 현존의 비밀에 이르는 길은 두려운 것들로 가득한 세계를 지나도록 사람들

을 이끌었다. 그리고 당치않게 신비에 도달하려던 자들이 겪은 고통이라니! 비전수자들에게 비밀을 털어놓는 것보다 더 큰 죄는 없었다. 비밀을 누설한 자는 사형과 재산 몰수의 벌을 받았다. 그리스 시인 아이스킬로스Aeschylos가 신비 몇 가지를 무대에 올렸다는 죄목으로 고발당했음을 우리는 알고 있다. 그가 죽음을 면할 수 있었던 것은 오직 디오니소스 신전으로 도망쳐서 자신이 전혀 전수자가 아님을 법정에서 입증한 덕분이었다.

4 그러나 고대인들이 신비에 관해 말한 것은 의미심장하면서도 다의적이다. 전수자는 자신이 알고 있는 것을 말하면 죄를 짓는 것이라고 확신한다. 그리고 비전수자가 그것을 듣는 것 역시 범죄라고 믿었다. 그리스 철학자 플루타르코스Plutarchos는 전수받을 자들의 두려움에 대해 말하면서 그들이 처한 상태를 죽음에 대한 준비에 비유한다. 그들은 전수에 앞서 먼저 특별한 생활방식을 거쳐야 했다. 그 생활방식은 정신이 감각을 제어하도록 하기 위한 것이었다. 단식, 고독한 생활, 금욕, 특정한 영적 수련 등이 그것이었다. 일상생활에서 사람들이 집착하는 것에서 그 어떤 가치도 느끼지 못하게 하기 위함이었다. 감각과 감정이 활동하는 방향 전체가 달라져야 했다. 그런 수련과 시련의 의미에 대해서는 조금의 의심도 있어서는 안 되는 일이었다. 전수받을 자에게 주어질 지혜가 그의 영혼에 올바르게 작용하려면 그 전에 미리 자신의 저차원의 감각세계가 개조되어야 했다. 그는 정신의 삶으로 인도되었다, 그는 당연히 고차 세계를 보게 될 것

이지만, 선행하는 수련과 시련 없이는 그 세계와 어떤 관계도 맺을 수 없었다. 그리고 바로 이 관계가 핵심이었다. 이런 일들에 대해 제대로 생각하려면 인식 활동의 내밀한 사실들에 대한 경험이 있어야 한다. 그런 사람은 가장 고차적인 인식이 제공하는 것과는 동떨어진 두 가지 관계가 있음을 지각해야 한다. 먼저, 인간을 둘러싼 세계는 무엇보다 *실재하는* 세계이다. 인간은 그렇게 실재하는 세계 안에서 일어나는 사건들을 만지고 듣고 본다. 인간은 세계의 사건을 자기의 여러 감각으로 인지하기 때문에 그것들을 실재적이라고 부른다. 그리고 사건들의 연관성을 깨닫기 위해 그것들을 숙고한다. 이와는 반대로 영혼 안에 떠오르는 것은 앞서 말한 의미의 실재가 아니다. 그것은 그저 "단순한" 사유와 관념이다. 사유와 관념에서 인간이 보는 것은 기껏해야 감각적 실재의 상像이다. 상 자체에는 실재가 없다. 상은 손으로 만져볼 수 없다. 또 소리로 듣지도, 눈으로 보지도 못한다.

5 세계와 맺는 또 다른 관계가 있다. 앞에서 묘사한 유형의 실재에 무조건 매달리는 자는 그 관계를 거의 이해하지 못할 것이다. 그 관계는 어떤 사람들에게는 살아가는 동안 어느 시점에 나타난다. 그들에게는 세계와의 관계가 전부 뒤집어진다. 그들은 영혼의 정신적 활동에 나타나는 형상들을 진정으로 실재한다고 부른다. 그리고 감각으로 듣고 만지고 보는 대상은 저차원적인 종류의 실재로 치부한다. 그들은 자신이 말하는 것을 *증명*할 수 없음을 안다. 그들은 자신의 새로운 경험들에 대해서는 오로지 *이야기할* 수 있을 뿐임을 안

다. 그리고 자신들의 이야기를 다른 사람들에게 말하는 것이 앞을 볼 수 있는 사람이 눈으로 본 것을 맹인으로 태어난 사람에게 전하는 것과 같은 일임을 안다. 그들이 타인에게 내적 체험의 전달을 시도하는 것은, 아직은 정신의 눈이 감겨 있는 사람들도 자신이 전하는 내용이 가진 힘 덕분에 사고를 통해 그 내용을 이해할 수 있다고 믿기 때문이다. 왜냐하면 그들은 인간 본성에 대한 믿음이 있으며 정신의 눈을 열어주는 사람이고자 하기 때문이다. 그들은 자신의 정신이 직접 딴 열매를 다른 사람 앞에 내놓을 수 있을 뿐이다. 타인이 그 열매를 볼지 여부는 그 타인이 정신의 눈이 보는 것을 이해할 능력이 있는가에 달려있다. 무엇보다 인간 안에는 정신의 눈으로 보지 못하게 막는 무엇인가가 있다. 인간은 처음에는 그런 것을 볼 능력이 전혀 없다. 인간은 자기의 감각들에 완전히 의존한다. 그리고 인간의 지성은 자기가 가진 감각들을 설명하고 판단할 뿐이다. 이 감각들은 지각하는 내용이 정확하고 확실하다고 자신할 수 없는 경우에는 *자신들의 소임*을 제대로 완수하기 못할 것이다. 눈이 자기의 위치에서 보는 것을 절대적인 실재라고 자신하지 못한다면, 그런 눈은 시력이 좋지 않을 것이다. 눈은 그 자체로는 올바르게 작동한다. 정신의 눈이 있어도 눈이라는 감각기관이 제대로 보지 못하는 것은 아니다. 정신의 눈은 인간으로 하여금 감각적인 눈이 보는 것들을 고차원적인 빛 속에서 보도록 할 뿐이다. 그러므로 감각적인 눈이 본 것은 아무것도 부정할 수 없다. 다만 본 것으로부터 전에는 보지 못했던 새로운 빛이 나오는 것일 뿐이다. 그렇게 되면 우리는 그 전에 본 것이 저차원적인 실재였다는 사실을 알게 된다. 그 뒤로는 똑같은 것을 보더라도 고차적인 것에, 즉 정신에 잠긴 상태로 보게 된다. 이제 문제는 자신이 보는 것을 감각으로도 느끼고 자각하는지 여부이다. 오직 감각적인 것에 대해서만 *생생한* 감정과 느낌을 가지고 대하는 자는 고차적인 것에서 신기루, 즉 "단순한" 환영幻影만을 본다. 그런 사람의 감정은 감각적인 것에만 맞추어져 있는 것이다. 그런 사람이 정신의 형상을 붙잡으려 한다면 허공을 움켜쥐게 될 뿐이다. 그가 그 형상을 만져보려 하면 그것은 그에게서 물러난다. 그에게는 그것이 "단순한" 사고이기 때문이다. 그는 형상을 생각할 뿐, 그것을 *체험*하지 않는다. 그것은 상일 뿐이어서, 스쳐 지나가는 꿈보다 더 비현실적이다. 그가 실재를 마주할 때 그 상은 거품처럼 허망한 상으로 나타난다. 그의 감각들이 그에게 전해주는, 그 자체로 튼튼하게 짜인 거대한 실재 앞에서 그런 상은 사라진다. 그런데 실재를 마주하여 자기의 감정과 느낌을 바꾼 자는 다르다. 그에게 있어서 실재는 그 절대적 확고함과 절대적 가치를 상실했다. 그의 감각과 감정은 무디어질 필요가 없다. 다만 감각과 감정이 자신의 절대적인 지배력을 의심하기 시작한다. 그것들은 다른 무엇인가를 위한 공간을 남겨둔다. 그리고 정신의 세계가 이 공간에 생명을 불어넣기 시작한다.

6 여기에는 우리에게 두려움을 줄 수도 있는 어떤 것이 있다. 그것은 인간이 자기 앞에 있는 실재에 대한 감각과 감정을 잃어버려서 어떤 새로운 실재도 그의 앞에 나타나지 않을 가능성이다. 그렇게

되면 인간은 마치 허공에 있는 것처럼 떠다닌다. 그리고 자기 자신이 마치 사멸한 것처럼 여겨진다. 오래된 가치들은 사라지고, 그에게는 어떤 새로운 가치도 존재하지 않는다. 그렇게 되면 그에게 세계와 인간은 더 이상 존재하지 않는다. 그러나 이것은 절대로 단순한 가능성에 그치지 않는다. 이는 고차적인 인식에 이르고자 하는 누구에게나 한 번은 현실이 된다. 그런 사람은 정신이 모든 생명을 죽었다고 선언하는 지점에 이른다. 그렇게 되면 그는 더 이상 이 세상에 없다. 그는 세상 아래에, 즉 저승에 있다. 그는 하데스의 강들을 건넌다. 도중에 가라앉지 않으면, 그래서 그의 앞에 새로운 세상이 나타난다면, 다행이다. 그는 사라지지 않으면 변화된 자로서 다시 나타난다. 후자의 경우에는 새로운 태양이, 새로운 땅이 그의 앞에 나타난다. 정신적인 불로부터 온 세상이 그에게 다시 태어나는 것이다.

7 신비전수자들은 신비들로 인해 자신들에게 일어난 일을 그렇게 묘사한다. 메니포스Menippos는 조로아스터 후계자들의 안내를 받아 하데스를 다녀오기 위해 바빌론으로 여행을 떠났던 이야기를 하면서, 그 길에서 큰 강을 헤엄쳐 건넜고 불길과 얼음 천지를 지나왔다고 말한다. 사람들은 신비전수자들로부터 어디선가 획, 하고 나타난 칼에 소스라치게 놀랐고 그때 "피가 흘렀다"는 이야기를 듣는다. 저차원적인 인식에서 고차적 인식으로 나아가는 통로를 아는 사람이라면 그런 말을 알아듣는다. 실제로 그들은 모든 단단한 물질, 즉 모든 감각적인 것이 녹아 물이 되어 사라지는 것을 몸소 느꼈다.

정말 그들이 딛고 섰던 모든 것이 사라진 것이다. 그들이 그 전에 살아있다고 느꼈던 모든 것이 죽임을 당한 것이다. 칼이 따뜻한 몸을 뚫고 지나가듯이, 정신은 모든 감각적인 생명을 뚫고 지나갔다. 사람들은 감각적인 피가 흐르는 것을 보았다.

8 그러나 새로운 생명이 나타났다. 그들이 저승에서 올라온 것이다. 이를 두고 그리스의 변론가 아리스티데스Aristides는 이렇게 말한다.

> "나는 신을 만지고 신과 가까이 있음을 느낀다고 생각했다. 그럴 때 나는 꿈과 현실의 중간 쯤에 있었다. 나의 정신은 아주 가벼웠고, 그래서 신비를 전수받지 못한 어떤 인간도 나의 정신을 설명하거나 이해할 수 없었다."

이 새로운 현존은 저차원적인 삶의 법칙들에 예속되어 있지 않다. 생성과 소멸도 그것을 건드리지 못한다. 영원한 것에 관해서는 많은 말들이 있을 수 있다. 누가 그것을 저승에 간 다음에 자기가 한 말들이 "허망한 것"이라고 이야기하는 사람들의 진술이라고 하지 않겠는가. 전수자들은 삶과 죽음에 대해 새로운 통찰이 있다. 그들은 자신들이 비로소 불멸에 대해 말할 자격이 있다고 여긴다. 전수자들이 보기에는, 전수로 얻은 능력을 바탕으로 불멸에 대해 말하는 사람이 있음을 모른 채 불멸을 이야기하는 사람은 자신이 알지도 못하는 것을 말하고 있다. 그런 사람은 생성과 소멸의 법칙들에 예속되어 있는 것을 두고 불멸하는 것이라고 여길 뿐이다. 신비가들이 얻고자 하는 것은 생명의 핵심의 영원성에 대한 단순한 확신이 아니다. 신비에 대한 이해에 따르면 그런 확신은 그 어떤 가치도 없을 것이다. 왜냐하면 그런 이해에 따르면 신비가가 아닌 사람 안에는 영원한 것이 전혀 살아 있지 않기 때문이다. 그런 사람이 영원한 것에 대해 말한다면, 그는 오로지 무無에 대해 말하고 있을 따름이다. 신비가들이 찾는 것은 오히려 영원한 것 그 자체이다. 그들은 우선 자기 안에서 영원한 것을 깨워 일으켜야 한다. 그런 다음에야 그들은 그 영원한 것에 대해 말할 수 있다. 따라서 그들에게 플라톤의 단호한 말은 완전한 진실이다. 플라톤은 "전수받지 않은 자는 진창에 빠지고 신비적 삶을 살아낸 자만 영원에 들어간다"고 했다. 단편斷片으로 전해오는 소포클레스Sophocles의 다음과 같은 말도 그런 식으로만 이해될 수 있다.

"저들은 저승에 얼마나 행복하게 도달하는가. 신비를 전수받은 저들은. 그들만이 그곳에서 *산다*. 다른 사람들에게는 오로지 곤경과 불행이 주어질 뿐."

9 그렇다면 신비들에 대해 말하는 것이 곧 *위험*을 묘사하는 것은 아닐까? 그것은 행복, 심지어 저승의 문으로 인도되는 자에게서 최상의 삶의 가치를 빼앗는 것은 아닐까? 사실 신비에 대해 말함으로써 떠맡게 되는 책임은 엄청나다. 그렇다고 해서 우리가 그 책임

을 피해도 될까? 이것이 전수자가 자신에게 제기해야 하는 물음이었다. 전수자는 자신이 얻은 지식과 보통사람들의 정서의 관계가 빛과 어둠의 관계와 같다고 생각했다. 그러나 그 어둠 속에는 순수한 행복이 거한다. 이 행복에 무도하게 개입해서는 안 된다는 것이 신비가들의 생각이었다. 생각해 보라. 신비가가 자신의 비밀을 "누설"했다면 무엇보다 그 시작은 어땠을까? 그 경우 신비가는 말을, 오직 말을 한 것일 뿐이다. 그런 말에서 정신을 이끌어 낼 감정과 느낌은 어디에도 없었을 것이다. 거기에는 준비, 수련과 시련, 감각 활동 전체의 변화가 있었을 것이다. 이런 것들이 없었다면, 그 말을 듣는 사람은 텅 비고 아무것도 없는 상태에 빠졌을 것이다. 그 말을 듣는 사람은 자신에게 행복을 주는 것을 빼앗길 뿐, 아무것도 받을 수 없었을 것이다. 아니, 그 말을 하는 사람에게서는 결코 어떤 것도 빼앗을 수 없었을 것이다. 왜냐하면 단순한 말로는 그의 감각 활동을 바꿀 수 없었을 것이기 때문이다. 그는 자신의 감각을 통해 들어오는 것들에서만 실재를 느끼고 *체험*할 수 있었을 것이다. 삶을 파괴하는 끔찍한 예감 이상은 받을 수 없었을 것이다. 그런 것 이상을 그에게 주었다면 그것은 죄를 짓는 일로 여겨질 수밖에 없었을 것이다. 오늘날 이것은 정신에 대한 온전한 인식의 획득으로 여겨질 수 없다. 우리는 그런 정신 인식을 개념적으로 이해할 수 있는데, 이는 최근의 인류가 옛 인류에게 없는 개념 능력을 갖고 있기 때문이다. 오늘날에는 자신의 체험을 통해 정신세계를 인식하는 사람들이 있을 수 있다. 그런 사람들과는 달리, 체험한 것을 개념적으로 이해하는 사람들도 있을 것이다. 옛 인류에게는 그런 개념 능력이 없었다.

10   신비에 관한 옛 지혜는 온실에 가두어 돌봐야 하는 식물과 비슷하다. 옛 신비의 지혜를 일상적 관념의 영역 안으로 가져가는 사람은 신비의 지혜에게 번성할 수 없는 생명의 공기를 주는 셈이다. 근대적인 과학성과 논리의 신랄한 판결 앞에서 옛 신비의 지혜는 부서져 소멸되고 만다. 그러므로 현미경, 망원경, 자연과학적 사고방식을 가져다 준 모든 교육에서 잠시 벗어나보자. 해부와 실험에 너무 골몰하여 무뎌진 우리의 손을 깨끗이 하여 신비의 순결한 신전에 들어갈 수 있게 하자. 그러기 위해서는 무엇에도 얽매이지 않는 자세가 필요하다.

11   신비가에게 우선 중요한 것은 최고의 것이라고 느껴지는 것, 현존의 수수께끼들에 대한 답변이라고 느껴지는 것에 다가가는 감정 상태이다. 특히 조야한 과학적인 것만을 인식이라고 인정하려는 우리 시대에는 가장 중요한 일들이 감정 상태에 달려있다고 생각하기 어렵다. 그런 까닭에 인식은 개인의 내밀한 사안이 되고 만다. 그러나 실제로 신비가에게 있어서 인식은 감정 상태에 달려있다. 누군가에게 세계의 수수께끼에 대한 답을 말한다고 해 보자! 누군가의 손에 그 답을 완전히 쥐여준다고 해 보자! 그럴 때 신비가는 그 인물이 올바른 방식으로 이 수수께끼의 답을 마주하지 못한다면 모든 것이 공허한 소리임을 알게 될 것이다. 그런 답은 아무것도 아니다. 꼭 필

요한 특별한 불을 감정이 잡지 못하면 그 답은 흩날려 사라진다. 신이 그대 앞에 나타난다면 어떨까! 신은 전부 아니면 전무이다. 그대가 일상의 일들을 만나는 감정 상태로 신에 다가선다면, 신은 전무이다. 신이 전부일 때는 그대가 신성을 맞이할 준비가 되어있을 때, 즉 그렇다고 느낄 때이다. 신 그 자체, 그것은 그대와 무관하다. 신이 있는 그대로의 그대를 용인할지, 아니면 신이 그대를 다른 인간으로 만들지, 그것이 관건이다. 그러나 그것은 전적으로 그대에게 달려있다. 개인의 가장 내적인 힘들이 펼쳐져 나오도록 하는 교육이라면 신이 할 수 있는 것이 그대 안에서 불타오르고 작동하도록 분명 그대를 준비시켰을 것이다. 그대가 그대 앞에 주어지는 것을 수용하는지 여부가 관건이다. 플루타르코스는 이 교육에 대해 전언을 남겼다. 그는 신비가가 자기 앞에 나타난 신에게 하는 인사에 대해 이야기했다.

"왜냐하면 신은 흡사 여기에서 자기에게 다가가는 우리 각자에게 이렇게 인사하는 것 같기 때문이다. '너 자신을 알라.' 그런데 그것은 확실히 '어서 오세요!'라는 일상적인 인사보다 조금도 나쁘지 않다. 그러나 우리는 신에게 '당신은 계십니다.'라는 말로 대꾸하면서, 참되고 근원적이고 오직 신에만 적합한 인사로서 존재의 인사를 보낸다. 왜냐하면 우리에게는 여기에서 원래 이 존재에 대한 몫이 없고, 죽을 운명의 모든 자연은 생성과 몰락 가운데 있으면서 오직 현상과 자기 자신에 대한 허약하고 불확실한 망상을 보여줄 뿐이기 때문이다. 이제 우리가 지성으로 신을 파악하려고 노력한다면 그것은 물을 꽉 쥐어짜는 것과 같다. 그런 물은 압박과 압축만으로도 응결하고, 그런 물에 에워싸이는 것은 잘 썩는다. 요컨대 지성은 우연과 변화에 예속되어 있는 모든 존재의 너무도 뚜렷한 표상을 좇다가 길을 잃어 때로는 존재의 근원으로, 또 때로는 존재의 몰락으로 이어지고, 그로 인해 지속적으로 존재하는 것이나 실제로 존재하는 것을 전혀 파악할 수 없다. 왜냐하면 같은 강물에 발을 두 번 담글 수 없다는 헤라클레이토스Heracleitos의 표현처럼 죽을 운명인 존재를 같은 상태로 두 번 붙잡을 수 없기 때문이다. 그보다는 오히려 존재가 그 운동의 격렬함과 신속함을 통해 자신을 파괴했다가 다시 결합하기 때문이다. 존재는 생겨나고 사라진다. 존재는 다가왔다가 가버린다. 따라서 생성되는 것은 결코 참된 존재에 이를 수 없다. 이는 생성이 결코 멈추지 않고 정지 상태가 있지도 않아 이미 씨앗일 때 변화가 시작되기 때문이다. 이 변화가 처음에 생겨난 것들과 그 세대를 항상 그 다음의 것들을 통해 파괴함으로써, 태아를 형성하고 그 다음으로 아이를, 그 다음에는 젊은이를, 사내를, 장년을, 노인을 만들면서 말이다. 그래서 이미 여러 형태로 죽었고 또 죽어 가는 우리가 한 번의 죽음을 두려워한다면 우스운 일이다. 왜냐하면 헤라클레이토스가 말하는 것처럼 불의 죽음이 공기의 생성이고 공기의 죽음이 물의 생성일 뿐 아니라, 우리가 인간 자체에서 더 명확히 지각할 수 있기 때문이다. 건장한 남자가 노인이 되면 죽는다. 청년은 성인 남자가 됨으로써 죽고, 소년은 청년이 되면서 죽고, 어린아이는 소년이 됨으로써 죽는다. 어제의 것은 오늘의 것에서는 죽고, 오늘의 것은 내일의 것에서 죽는다. 어떤 것도 그대로 남거나 유일한 것이 아니다. 오히려 우리는 질료가 하나의 상 주위를, 즉 하나의 공통된 형태 주위를 맴돌면서 많은 것이 된다. 우리가 항상 똑같은 존재라면 대체 어떻게 지금 예전과는 다른 것들을 좋아할 수 있겠는가? 우리가 이전과는 다른 형상, 다른 형태들, 다른 의미들을 받아들이지도 않는다면, 어떻게 상반되는 것들을 사랑하고 미워하고 감탄하고 비난하고 다른 말을 하고 다른 열정들에 빠질 수 있겠는가? 왜냐하면 변화가 없으면 다른 상태에 이를 수 없을 것이고, 또한 변화하는 사람은 더 이상 이전의 그 사람이 아니기 때문이다. 그러나 그 사람이 이전의 그 사람이 아니라면, 그 사람은 더 이상 존재하지 않으며 다른 사람이 됨으로써 그 사람에게서 변화한다. 이는 참된 존재를 알지 못하는 우리가 그저 눈에 보이는 것을 참된 존재로 여기는 바람에 감각적 지각이 우리를 그릇된 길로 이끈 것이다."(플루타르코스, 《델포이의 "E"에 관하여》, 17/18)

12　　플루타르코스는 종종 자신을 전수자로 표현한다. 그가 여기에서 묘사하는 것은 신비가의 삶의 조건이다. 인간이 도달하는 지혜를 통해 정신은 우선 감각적 삶이 허상임을 간파한다. 감각적인 것을

존재, 즉 실재로 여기는 모든 것이 생성의 강물에 잠긴다. 그리고 그런 일은 세상의 다른 모든 일에서 일어나는 것처럼 인간 자신에게도 일어난다. 그 자신은 자기의 정신의 눈 앞에서 흩날리듯 사라진다. 그의 전체는 부분들로, 덧없는 현상들로 해체된다. 탄생과 죽음은 그 가장 중요한 의미를 상실한다. 탄생과 죽음은 세상에서 일어나는 다른 모든 일처럼 생성과 소멸의 순간들이 된다. 생성과 소멸에 관련해서는 최고의 것이란 찾을 수 없다. 그것은 다만 참으로 지속적인 것 중에서, 즉 지나간 것을 돌아보고 앞으로의 것을 예견하는 것 중에서 구할 수 있을 뿐이다. 이렇게 지난 것을 돌아보고 앞을 내다보는 것을 찾아낸다는 것은 고차적인 인식 단계이다. 그것은 감각적인 것에서 드러나는 정신이다. 정신은 감각적 생성과 아무런 관련이 없다. 정신은 감각현상들과 같은 방식으로 생성되거나 소멸하지 않는다. 오직 감각계에 살고 있는 자는 정신을 감춰진 것으로서 자신 안에 지닌다. 감각계의 허상을 간파하는 사람은 정신을 분명한 현실로서 자신 안에 지닌다. 그런 통찰에 이르는 자는 자신에게서 새로운 지체를 발달시킨 것이다. 이는 마치 처음에는 녹색 잎들만 지니고 있다가 다채로운 꽃을 펼쳐내는 식물에게 일어난 일과 같다. 꽃을 키워낸 힘들이 식물의 개화 이전에 이미 감춰져 있었던 것은 분명하지만, 개화와 함께 그 힘들은 비로소 현실이 되었다. 감각적이기만 한 인간에게도 신적이며 정신적 힘들은 감춰져 있다. 하지만 신비가에게서 비로소 그 힘들은 눈에 보이는 현실이 된다. 신비가에게서 일어난 변화의 본질이 여기에 있다. 그는 자신의 발전을 통해 기존의 세계에 뭔가 새로운 것을 더해 주었다. 감각 세계는 그를 감각적 인간으로 만들고는 더 이상 관여하지 않았다. 이로써 자연은 그 소명을 다했다. 자연이 인간에게 유효한 힘들을 가지고 할 수 있는 것은 다 한 셈이다. 그러나 아직은 이 힘들 자체가 소진된 것은 아니다. 그 힘들은 마치 마법에 걸린 것처럼 순전한 자연 상태의 인간 안에 있으면서 풀려나기를 고대한다. 그 힘들은 스스로 풀려날 수 없다. 그 힘들은 인간이 움켜쥐고 계속 발달시키지 않으면 무로 돌아간다. 인간이 자기 안에 감춰진 채 쉬고 있는 것을 실제적 현존으로 깨워 일으키지 않는다면 말이다. 자연은 불완전한 것에서 완전한 것으로 발달한다. 자연은 생명이 없는 존재에서 여러 단계를 거쳐 온갖 형태의 생명체로, 그리고 마침내 감각적 인간으로 이끈다. 감각적 인간은 자신의 감각적 본성에 눈을 뜨고, 자신을 감각적이며 실재하는 존재로, 즉 가변적 존재로 인식한다. 그러나 감각적 인간은 자신의 감각적 본성을 만들어 낸 힘들을 아직도 자신 안에서 느낀다. 이 힘들은 가변적인 것이 아니다. 왜냐하면 그 힘들에서 가변적인 것이 기인했기 때문이다. 인간은 자기가 감각적으로 지각하는 것보다 더 많은 것이 자신 안에 있다는 표시로 이 힘들을 지닌다. 그 힘들을 통해 생성될 수 있는 것은 아직은 없다. 인간은 자신을 포함하여 모든 것을 창조한 무엇인가가 자기 안에서 빛난다고 느낀다. 그리고 이 무엇인가가 그를 고차적인 창조를 하도록 북돋을 것이라고 느낀다. 그것은 그의 내면에 있다. 그것은 그의 감각적 등장 이전에 있었고 그 이후에도 있을 것이다. 인간은 그것을 통해 생성되었지만, 그것을 움켜쥐고 그것의 창조 활동에도 함께할 수 있다. 입문한 옛 신비가 안에는 그런 감각들이 있다. 신비가는 영원한 것, 신적인 것을 느꼈다. 그의 행위는 이 신적인 것의 창조에서 한 부분이 될 것이다. 그는 이렇게 생각할 수 있다. "나는 내 안에서 고차적인 '자아'를 발견했지만, 이 '자아'는 나의 감각적 생성의 경계를 넘어서 있어. 그것은 나의 출생 전부터 있었고, 나의 죽음 후에도 있을 거야. 이 '자아'는 영겁의 세월 동안 창조했고, 앞으로도 영원히 창조할 거야. 나라는 감각적 인격은 이 '자아'의 피조물이야. 그러나 그것은 나를 자신 안에 통합시켰어. 그것이 내 안에서 창조하고 있어. 나는 그것의 한 부분이야. 내가 이제 만드는 것은 감각적인 것보다 고차적인 것이야. 나의 인격은 이 창조하는 힘, 즉 내 안에 있는 이 신적인 것을 위한 수단일 뿐이야." 신비가는 자신이 신이 되는 것을 이런 식으로 경험했다.

13   신비가들은 이렇게 자기 안에서 빛나는 힘을 자기의 진정한 정신이라고 불렀다. 그들은 이 정신의 결과물이었다. 그들은 새로운 존재가 그들 안으로 끌려들어가 그들의 감각기관들을 장악한 것으로 여기는 상태가 되었다. 그것은 감각적 인격체인 그들과 모든 것을 주재하는 우주의 힘인 신성 사이에 있는 존재였다. 신비가가 추구한 것은 자신의 이런 진정한 정신이었다. 그는 자신에게 이렇게 말했다. "나는 위대한 자연 속에서 인간이 되었다. 그러나 자연은 자신의 일을 완성하지 못했다. 이 완성을 나 자신이 떠맡아야 한다. 하지만 나는 나의 물질적 인간이 속하기도 하는 자연이라는 거친 영역에서 그

일을 해낼 수 없다. 이 영역에서 발달할 수 있는 것은 이미 발달했다. 그런 까닭에 나는 이 영역에서 벗어나야 산다. 나는 정신존재들의 영역에서, 즉 자연이 멈추어 있는 그곳에서 계속 집을 지어야 한다. 나는 외적인 자연에서 찾을 수 없는 생명의 공기를 얻어야 한다." 그 생명의 공기가 신비가들을 위해 신비의 신전들에 마련되었다. 그들 안에 잠들어 있는 힘들이 그곳에서 깨어났다. 그곳에서 그 힘들은 창조하는 고차적인 존재들, 즉 정신존재들로 바뀌었다. 이 변화는 부드러운 과정이었다. 그 과정은 낮의 거친 공기를 견딜 수 없었다. 그러나 그 과정이 자기의 과제를 완수했을 때, 그 과정을 통해 인간은 영원한 것을 기초로 세워져 온갖 폭풍에도 맞설 수 있는 바위가 되었다. 다만 인간은 자신이 체험하는 것을 직접적인 형태로 남들에게 전할 수 있다고 생각해서는 안 되었다.

14 플루타르코스는 신비들에서 "데몬들의 참된 본성에 관한 아주 대단한 설명과 해석을 찾을 수 있다"고 전한다. 그리고 우리는 키케로에게서 "신비들이 설명되고 그 원래의 의미가 확인된다면, 신들의 본성보다 사물들의 본성이 더 인식된다"는 것을 알게 된다(플루타르코스, 《신탁의 소멸에 관하여》, 키케로, 《신성론》). 이런 메시지들에서 확실히 짐작할 수 있는 것은, 신비가들에게는 사물의 본성에 관해 토속종교가 줄 수 있는 것들보다 고차적인 설명들이 있었다는 사실이다. 그렇다. 여기에서 정신적 실체인 데몬들과 신들 자체가 설명을 필요로 했음을 알 수 있다. 그래서 사람들이 데몬과 신보다 더 고

차적인 종류의 실체로 돌아간 것이다. 그리고 그런 것이 신비의 지혜의 핵심에 들어있었다. 사람들은 신들과 데몬들을 상(像)들로 나타내 보였는데, 그 상들의 내용은 전적으로 감각적 현실세계에서 끌어낸 것이었다. 영원한 것의 실체를 간파한 자라면 그런 신들의 영원성에 대해 헷갈리지 말아야 할 것 아닌가! 민족적인 표상인 제우스가 무상한 존재의 속성을 지녔다면 어떻게 영원한 제우스이겠는가? 신비가들에게 한 가지는 분명했는데, 인간이 신들에 대한 표상을 갖게 되는 방식이 다른 사물들에 대한 표상을 갖게 되는 것과 다르다는 점이었다. 외부세계의 사물은 나로 하여금 그 사물에 대해 아주 특정한 표상을 만들도록 강요한다. 이와는 달리 신에 대한 표상들의 형성에는 뭔가 자유로운 것, 자의적인 것이 있다. 여기에는 외부세계의 속박이 없다. 곰곰이 생각해 보면 우리는 신들에 대해서는 외적 통제가 없는 어떤 것을 표상한다는 사실을 알게 된다. 이로써 인간은 논리적으로 불확실한 상태에 놓인다. 인간은 스스로 자신을 신들의 창조자로 느끼기 시작한다. 인간은 이렇게 자문하게 되는 것이다. "나는 어떻게 나의 표상 세계에서 물질적 현실을 넘어서게 되었을까?" 신비가는 이런 생각에 잠길 수밖에 없었다. 그럴 때 그에게는 타당한 의심이 있었다. 신비가는 사람들이 온갖 신에 대한 표상들만 주시한다고 생각했을 수도 있다. 신에 대한 표상들은 사람들이 감각 세계에서 만나는 피조물들과 비슷하지 않을까? 인간은 감각적 존재에서 이런 저런 속성들을 빼거나 덧붙여 생각함으로써 그런 신에 대한 표상들을 만들지 않았을까? 수렵을 좋아하는 미개인은 대단히 호화로운 신들의 사냥이 벌어지는 하늘을 그림으로 그린다. 그리고 그리스인은 모든 이가 아는 그리스의 사건들에서 본보기가 된 신들을 올림포스 산에 옮겨놓는다.

15   그리스 철학자 크세노파네스Xenophanes(B.C. 570~ 480 경)는 거친 논리로 이런 사실을 지적했다. 우리는 그 이전의 그리스 철학자들이 절대적으로 신비의 지혜에 의존했음을 안다. 그것은 헤라클레이토스로부터 시작하여 특별히 더 논증되어야 할 것이다. 그런 까닭에 다음과 같은 크세노파네스의 말은 신비가의 확신으로 여겨도 무방할 것이다.

"사람들은 신들이 자신처럼 생겼다고 생각하여
자신과 같은 감각과 목소리와 육체를 가졌으리라 여긴다.
그러나 소나 사자가 손이 있어서
사람들처럼 그 손으로 그림을 그리고 일을 한다면,
소나 사자들도 신들의 모습을 그리고 그 조각상을 만들 때
자신의 몸과 닮은 신의 모습을 그리고 조각상을 만들 것이다."

16   이렇게 통찰하는 사람은 모든 신적인 것을 의심하게 될 것이다. 그런 사람은 신화들을 단호히 거부하고 오로지 인간의 감각적 지각이 강요하는 것만 현실로 인정할 수 있을 뿐이다. 그러나 신비가는 그런 의심하는 사람이 되지 않았다. 신비가는 이 의심하는 사람이 다

음과 같이 생각하는 식물과 같다는 것을 통찰했다. 나의 다채로운 꽃은 공허하고 실없다. 왜냐하면 나는 나의 초록색 잎과 함께 완결되었기 때문이다. 내가 그 잎들에 덧붙이는 것은 허위의 가상을 더해줄 뿐이다. 그런데 신비가도 그렇게 만들어진 신들, 즉 토속신들로 만족하여 멈출 수 없었다. 식물이 생각할 수 있다면, 초록색 잎을 만든 힘들이 다채로운 꽃도 만들도록 정해져 있음을 통찰할 것이다. 또한 식물은 그 힘들을 알아내기 위해 쉬지 않고 직접 탐구할 것이다. 신비가가 토속신들에 대해 한 일도 그것이었다. 그는 토속신들을 부정하지 않았고, 토속신들을 공허한 것이라고 선언하지 않았다. 그러나 신비가는 토속신들이 인간에 의해 만들어졌음을 알고 있었다. 자연에서 창조하는 것과 동일한 자연의 힘들, 즉 동일한 신적 요소가 신비가 안에서도 창조한다. 그리고 이 자연의 힘들은 신비가에게서 신들에 대한 표상들을 만들어낸다. 신비가는 신들을 만드는 이 힘을 보려 한다. 그 힘은 토속신들과 같지 않고 고차적인 것이다. 이에 대해서도 크세노파네스는 이렇게 해석한다.

"신들 중에서 가장 위대하고 인간들 중에서 단연 최고인 신이 있으니, 그의 몸은 스러질 인간의 몸과 닮지 않았고 생각은 더더욱 닮지 않았다."

17   이 신은 신비들의 신이기도 했다. 그런 신을 "감춰진 신"이라고 부를 수 있었다. 왜냐하면 사람들 생각에는 단순히 감각적인 인간

으로서는 어디에서도 그런 신을 만날 수 없기 때문이었다. 그대의 시선이 사물들을 향한다면, 그대는 신적인 것을 발견하지 못할 것이다. 그대가 지성을 총동원한다면 사물들이 어떤 법칙들에 따라 생겨나고 사라지는지 이해할 수 있을 것이다. 그러나 그대의 지성조차도 그대에게 신적인 것을 보여주지는 못한다. 그대의 환상에 종교적 느낌이 스며들게 하면, 그대는 그대가 신이라고 여길 수 있는 존재의 상들을 만들 수 있을 것이다. 하지만 그대의 지성은 그것들을 일일이 반박한다. 왜냐하면 그대가 그 상들을 직접 만들고는 거기에 감각세계에서 차용한 질료를 더했음을 그대의 지성이 증명하기 때문이다. 그대가 *지적인* 인간으로서 주위의 사물들을 관찰하는 한, 그대는 신을 부정하는 사람일 수밖에 없다. 왜냐하면 신은 그대의 감각들을 위해 있지 않고, 감각적 지각들을 그대에게 설명해주는 지성을 위해 있지 않기 때문이다. 신은 세상에서 그야말로 마법에 걸려 있다. 그리고 그대는 신을 찾기 위해 신 자신의 힘을 필요로 한다. 그대는 그 힘을 그대 안에서 깨워내야 한다. 이것이 전수를 향하는 옛 사람이 받아들인 가르침이다. 그리고 이제 그에게는 우주의 드라마가 시작되었고, 이 드라마는 그를 산 채로 집어삼켰다. 이 드라마의 본질은 오직 마법에 걸린 신의 구원에 있었다. 신은 어디에 있는가? 이것은 신비가가 영혼에 제기한 질문이었다. 신은 없지만 자연은 있다. 자연에서 신을 발견해야 한다. 자연에서 신은 자신의 마법의 무덤을 찾았다. 신비가는 신은 사랑이라는 말을 고차적인 의미에서 이해한다. 신이 이 사랑을 극한에 이르도록 실현했기 때문이다. 신은 몸소 무한한 사랑에 헌신했다. 신은 자신을 쏟아냈다. 신은 자신을 다양한 자연물로 잘게 쪼갰다. 자연물들은 살고, 신은 자연물들 속에 살지 않는다. 신은 자연물들 속에서 쉬고 있다. 신은 인간 안에서 산다. 그리고 인간은 신의 생명을 자기 안에서 경험할 수 있다. 인간이 신을 인식할 수 있으려면 인식을 만들면서 구해내야 한다. 인간은 이제 자기 안을 들여다본다. 신적인 것은 감춰진 창조력으로서, 즉 아직 현존하지 않는 것으로서 인간의 영혼 안에서 작용한다. 인간의 영혼에는 마법에 걸린 신적인 것이 다시 소생할 수 있는 장소가 있다. 영혼은 자연으로부터 신적인 것을 받을 수 있는 어머니다. 영혼이 자연에 의해 수태하면, 그 영혼은 신적인 것을 낳을 것이다. 영혼과 자연의 혼인에서 신적인 것이 태어난다. 그렇게 되면 그것은 더 이상 "감춰진" 신적인 것이 아니다. 그것은 드러난 무엇이다. 그것은 생명을, 즉 인간들과 섞여 활동하는 지각 가능한 생명을 지닌다. 그것은 인간 안에 있는 마법 풀린 정신이고, 마법에 걸린 신적인 것의 맹아이다. 그 신은 아마도 과거에 있었고 현재에 있으며 앞으로 있을 위대한 신은 아닐 것이다. 그러나 그 신은 어떤 의미에서는 그 위대한 신의 현현으로 여겨질 수 있다. *아버지*는 감춰진 것 속에 조용히 있다. *아들*은 자기의 영혼으로부터 인간에게 태어났다. 이와 함께 신비적 인식은 세계 과정에서 현실적인 사건이 된다. 신비적 인식은 신의 후손의 탄생이다. 그것은 다른 자연현상처럼 실제적인 사건인데, 다만 고차적 단계에서만 일어난다. 신비가의 큰 비밀은 신비가 자신이 신의 자손을 만들면서 구해낸다는 사실, 하지만 자기가 만든 신의 후손을 또한 인정할 준비를 미리 한다는 사실이다. 신비가가 아닌 사람에게는 이 후손의 아버지에 대한 감각이 없다. 이 아버지가 마법에 걸린 채 쉬고 있기 때문이다. 이 후손은 처녀에게서 태어나 모습을 드러낸다. 영혼은 수태하지 않고 그 후손을 낳은 것처럼 보인다. 영혼의 다른 모든 태아는 감각세계에 의해 수태되었다. 사람들은 감각세계에서 아버지를 보고 만져본다. 아버지는 감각적 생명이 있다. 신의 후손만이 감춰진 영원한 아버지인 신에게서 직접 수태되었다.

III.

신비의 지혜에 비추어 본
플라톤 이전의 그리스 현자들

1   우리는 그리스인들의 철학적 지혜와 신비적 인식이 그 신념의 토대가 같았음을 수많은 사실들을 통해 알고 있다. 신비를 관찰하여 얻은 감정들을 가지고 위대한 철학자들에게 다가갈 때에만 우리는 그들을 이해할 수 있다. 플라톤은 《파이돈》에서 "신비학"에 대해 얼마나 경의를 표하는가.

"우리에게 축성을 지시한 저들은 전혀 나쁜 사람들이 아니라, 축성 받지 못하고 거룩하게 되지 못한 채 저승에 도착하는 자는 진창에 빠지게 된다고 오래전부터 우리에게 넌지시 알려주고 있는 듯하다. 또 정화된 자와 축성 받은 자는 저승에 도착하면 신들 곁에 거하게 된다고 암시하는 것 같다. 왜냐하면 축성과 관련 있는 사람들의 말로는, 디오니소스 지팡이를 든 사람들은 많지만 진정으로 영감을 받은 사람들은 극소수에 불과

하기 때문이다. 그러나 내 생각에 이들은 그 중 한 명이 되려고 *올바른 방법*으로 지혜에 전력한 사람들일 뿐이다. 나 역시 살면서 그 중의 하나가 되기 위해 온갖 방법으로 노력했다."

이처럼 축성에 관해 말할 수 있는 자는 전적으로 축성을 통해 생겨난 신념에 헌신하면서 지혜를 추구하려 나선 사람뿐이다. 그리고 신비에 비추어 볼 때 위대한 그리스 철학자들의 말들이 훤히 규명된다는 사실에는 의심의 여지가 없다.

2   에페소스 출신의 헤라클레이토스(B.C. 535~475)는 신비와의 관계를 자신에 관한 발언을 통해 간략히 제시했다. 전승되는 그 발언에 따르면 그의 사고들은 "지나갈 수 없는 좁은 길"이고, 축성 없이 그 사고들로 나아가는 자는 "어둠과 암흑"만 발견하는 반면, 신비가의 안내로 들어가는 자에게 그 사고들은 "태양보다 밝다". 그리고 그가 자신의 책을 아르테미스 신전에 기탁했다는 진술이 있다면, 그것 역시 그를 이해할 수 있는 사람은 전수자들 뿐임을 의미한다. (독일 철학자이자 신학자인 에드문트 플라이더러Edmund Pfleiderer는 헤라클레이토스와 신비들의 관계에 대해 말해주는 역사를 이미 제시했다. 그의 책《신비 관념에 비추어 본 에페소스의 헤라클레이토스의 철학Die Philosophie des Heraklit von Ephesus im Lichte der Mysterienidee》, Berlin 1886 참조.) 헤라클레이토스는 "어둠의 철학자"라고 불리었다. 신비라는 열쇠만이 그의 직관들을 해명해준다는 이유에서였다.

3 헤라클레이토스는 누구보다도 삶에 대해 진지한 인물로 우리에게 다가선다. 그의 특성들을 생각하면, 그가 내적인 인식을 지녔음을 확실히 알 수 있다. 그는 온갖 말들이 내적인 인식을 진술하지 못하고 다만 암시할 수 있다는 사실을 알았다. 그런 신념을 바탕으로 하여 "모든 것은 흐른다"("판타 레이")라는 유명한 언명이 생겨났다. 플루타르코스는 이 언명을 다음과 같이 설명했다.

"사람은 같은 강물에 두 번 들어가지 못하고, 죽을 운명인 존재를 두 번 접촉할 수도 없다. 그보다는 강하고 빠르게 움직여 흩어졌다가 다시 모인다. 나중에 다시 모이는 것이 아니라, 모이고 그치고 오고 가는 일이 동시에 일어난다."

이런 생각을 하는 이 사람은 무상한 사물들의 본성을 간파한 것이다. 왜냐하면 그가 무상성 자체의 본질을 가장 신랄한 말로 특징지어야 한다는 압박감을 느꼈기 때문이다. 영원성에 견주어 보지 않고는 무상성의 특성을 확인할 수 없다. 그리고 자기의 내면을 들여다보지 못했다면, 이런 특성을 특히 인간에게로는 확장할 수 없다. 헤라클레이토스는 이 특성을 다음과 같이 인간에게까지 확장했다.

"생과 사, 깨어있는 것과 잠자는 것, 젊음과 늙음은 같은 것이다. 이것이 바뀌어 저것이 되고, 저것은 다시 이것으로 바뀐다."

이 문장에서는 지상의 현존의 허상성에 대한 온전한 인식이 표현된다. 다음 문장에서 그는 그 점에 관해 훨씬 더 강력하게 말한다.

"생과 사는 우리의 죽음 속에 있고, 또한 삶 속에도 있다."

이것은 오직 무상성의 관점에서만 삶을 죽음보다 더 높이 평가할 수 있다는 것 외에 무엇을 뜻하겠는가? 죽음은 새로운 삶에 자리를 만들어주기 위한 소멸이다. 그러나 이 새로운 삶 속에는 예전의 삶에서처럼 영원한 것이 산다. 똑같이 영원한 것이 죽음에서와 같이 무상한 삶에서 나타난다. 인간이 이 영원한 것을 붙잡았다면 삶을 바라보는 것과 똑같은 감정을 가지고 죽음을 바라보게 된다. 인간이 이 영원한 것을 자기 안에서 불러일으킬 수 없을 때에만 삶은 그에게 특별한 가치를 지닌다. "모든 것은 흐른다"는 문장은 수천 번 암송될 수 있겠지만, 이 문장을 이런 내용의 감정을 가지고 말하지 못하면 아무것도 아닌 것이다. 영원한 생성에 대한 우리의 집착을 버리지 못한다면 영원한 생성에 대한 인식은 무가치하다. 그것은 무상한 것을 얻으려고 애쓰는 삶의 욕망에서 벗어나는 전향으로, 헤라클레이토스는 이 전향에 대해 이렇게 말한다.

"우리는 낮의 생활에 대해 어떻게 말해야 할까. 우리가 존재하는 것은 무엇보다 영원한 것의 관점으로부터 우리가 존재하고 또 존재하지 않는다는 것을 알기 때문이다."(헤라클레이토스 단편

81번 참조).

헤라클레이토스 단편 중 하나는 "하데스와 디오니소스는 동일한 것이다."라고 말한다. 디오니소스는 삶의 욕망의 신, 즉 싹트고 성장하는 것의 신으로, 디오니소스 축제들은 그런 그를 기념했다. 헤라클레이토스가 볼 때 디오니소스는 파멸의 신이자 파괴의 신인 하데스와 같은 것이다. 삶에서 죽음을, 그리고 죽음에서 삶을 보고, 그 둘에서 삶과 죽음을 초월한 영원한 것을 보는 자만 현존의 결점과 장점을 제대로 바라볼 수 있다. 그럴 때 결점도 정당화될 수 있는데, 결점 속에도 영원한 것이 살기 때문이다. 제한된 지상의 삶의 관점에서 결점인 것은 외관상으로만 그렇다.

"인간은 자신이 원하는 것보다 더 나아질 수 없다. 질병은 건강을 달콤하고 좋게 만들고, 굶주림은 배부름을, 노동은 휴식을 좋게 만든다."

"바다는 가장 깨끗하고 또 가장 더러운 물로, 물고기들에게는 마실 수 있고 유익하지만 인간들에게는 마실 수 없고 해로운 것이다."

헤라클레이토스가 무엇보다 말하려는 것은 현세적인 사물들의 무상성이 아니라 영원한 것의 광휘와 위엄이다. 헤라클레이토스는 그리스 시인 호메로스와 헤시오도스에 맞서, 그리고 그 시대의 학자들에 맞서 격한 말들을 했다. 그는 무상한 것에만 집착하는 그들의 사유 방식을 지적하려 했다. 그는 무상한 세계로부터 차용한 특성들을 신들에게 부여하려 하지 않았다. 그리고 사물들의 생성과 소멸의 법칙을 연구하는 학문을 최고라고 여길 수 없었다. 그가 보기에는 무상성으로부터 영원한 것이 말한다. 그는 이 영원한 것을 위해 심오한 상징을 언급한다.

"세계의 조화는 리라와 활의 조화처럼 자기 안으로 되돌아간다."

모든 것이 이 모습에 담겨 있다. 힘들의 분열과 갈라지는 세력들의 조화를 통해 통일이 달성된다. 한 음은 다른 음과 어떻게 모순되는가. 그럼에도 한 음은 다른 음과 어떻게 조화를 이루는가. 이것을 정신세계에 적용해보자. 그러면 헤라클레이토스처럼 이렇게 생각할 수 있다.

"불멸하는 것은 죽을 운명이며, 죽을 운명인 것은 불멸하니, 이는 죽음으로 살고 삶으로 죽기 때문이다."

4   인간이 스스로 인식하는 가운데 무상한 것에 집착한다면, 그것은 인간의 *원죄*이다. 이로써 인간은 영원한 것을 외면하게 된다. 이를 통해 삶은 인간의 위험이 된다. 인간에게 일어나는 사건은 삶

으로 인해 생기는 것이기 때문이다. 그러나 인간이 삶을 더 이상 절대적 가치가 있다고 여기지 않을 때 이 사건은 자극을 잃는다. 그러면 인간은 자기의 순수함을 다시 돌려받는다. 그것은 마치 인간이 소위 삶의 진지함에서 벗어나 유년기로 돌아갈 수 있는 것과 같다. 어른은 아이가 가지고 노는 모든 것을 진지하게 여긴다. 그러나 아는 자는 어린아이처럼 된다. "진지한" 가치들은 영원성의 관점에서 볼 때 그 가치를 잃어버린다. 그렇게 되면 삶은 놀이처럼 보인다. 그런 까닭에 헤라클레이토스는 "영원이란 놀이하는 아이, 어린아이의 권세이다"라고 말한다. 원죄는 어디에 있는가? 원죄는 진지함이 무엇에 집착하면 안 되는지 극히 진지하게 생각하는 데 있다. 신은 사물들의 세상 안으로 자신을 쏟아 부었다. 신이 없는 사물들을 받아들이는 사람은 그 사물들을 "신의 무덤"으로 진지하게 여긴다. 그런 사람은 그 사물들을 가지고 어린아이처럼 놀아야 하지만, 이때는 자신의 진지함을 사용하여 마법에 걸려 사물들 속에 잠자고 있는 신적인 것을 사물들에서 꺼내와야 할 것이다.

5   영원한 것을 직관한다는 것은 사물들에 대한 일상적인 망상을 불에 태우는 것처럼, 그을리는 것처럼 작용한다. 정신은 물질에 대한 사유를 해체한다. 정신은 사유를 녹인다. 정신은 모든 것을 먹어치우는 불이다. 이것은 불이 모든 사물의 원소라는 헤라클레이토스 사상에 담긴 고차적 의미이다. 이 사상이 처음에는 확실히 세계 현상들에 대한 통상적인 물리적 설명으로 이해될 수 있었다. 그러

나 그리스도교가 형성될 때 살았던 알렉산드리아의 필론Philon(B.C. 20?~A.D. 50?)이 성경의 율법에 관해 생각했던 것처럼 헤라클레이토스의 사상에 관해 생각하지 않는다면 누구도 그를 이해하지 못한다. 필론은 이렇게 말했다.

"쓰여 있는 율법을 단지 정신적 가르침들의 *상징으로만* 여겨 그 상징들을 꼼꼼하게 찾아내지만 쓰여 있는 율법은 무시하는 사람들이 있다. 나는 그런 사람들을 꾸짖을 수밖에 없다. 왜냐하면 그들은 감춰진 의미를 인식하는 것과 드러나 있는 의미를 관찰하는 것 양쪽에 신경을 쓴다는 당연할 일을 못했기 때문이다."

헤라클레이토스의 불의 개념이 물질적인 불을 의미했는지, 아니면 그가 불을 단지 사물들을 용해시켜 다시 형성하는 영원한 정신의 상징으로만 보았는지를 두고 다툰다면, 이는 그의 생각을 곡해하는 것이다. 그는 둘 다를 뜻했으며, 또한 둘 중 어느 것 하나도 뜻하지 않았다. 그가 보기에 정신은 일상적인 불에도 살아있었기 때문이다. 그리고 불에서 물질적인 방식으로 활동하는 힘은 고차적 단계의 인간 영혼 안에 있는데, 이 인간 영혼은 자기의 용광로에서 물질적인 것에 대한 인식을 녹여 그 인식으로부터 영원한 것에 대한 직관이 생겨나게 한다.

6   사람들은 특히 헤라클레이토스를 오해하기 쉽다. 헤라클레이토스는 불화不和를 사물들의 아버지로 여긴다. 그러나 그가 보기에 이 아버지는 영원한 것의 아버지가 아니라 단지 "사물들"의 아버지일 뿐이다. 세상에 대립이 없다면, 즉 서로 충돌하는 아주 다양한 이해관계들이 활동하지 않는다면, 생성의 세계, 즉 무상성의 세계는 없을 것이다. 그러나 이 충돌에서 드러나는 것, 즉 이 충돌 속에 쏟아 부어진 것, 그것은 불화가 아니다. 그것은 조화이다. 바로 불화가 모든 사물들에 있기 때문에 현자의 정신은 불처럼 사물들을 뒤덮어 그 사물들을 조화로 바꾸어야 한다. 이 지점에서 헤라클레이토스의 지혜가 담긴 위대한 생각이 빛을 발한다. 인격적인 존재로서 인간은 무엇일까? 이 질문은 헤라클레이토스가 볼 때 바로 이 점에서 답을 얻는다. 인간은 신성이 흘러든 상반되는 요소들로 뒤섞인 존재이다. 인간은 자신을 그런 존재로 여긴다. 그뿐 아니라 인간은 자신 안에 있는 정신을 알아본다. 영원한 것에서 유래하는 정신을 인식하는 것이다. 또 인간 자신이 볼 때 이 정신은 기본요소들이 서로 충돌함으로써 태어난다. 그러나 동시에 이 정신은 기본요소들을 진정시켜야 한다. 인간 안에서 자연은 자기 자신을 넘어서 창조한다. 그것은 충돌, 즉 혼합을 야기한 힘, 전부이면서 하나인 힘이다. 또 이 충돌을 지혜롭게 다시 제거해야 하는 힘이다. 여기에 우리 인간이 지닌 영원한 이원성이 있다. 일시적인 것과 영원한 것 사이의 영원한 대립이 있는 것이다. 인간은 영원한 것을 통해 완전히 규정된 무엇이 되었다. 그리고 인간은 그 규정된 무엇으로부터 어떤 고차적인 것을 창조해야 한다. 인간

은 의존적인 동시에 독립적이다. 인간은 자신이 직관하는 영원한 정신에 관여할 수 있지만, 그 관여는 오로지 영원한 정신이 인간 안에 만들어 놓은 혼합의 정도에 따라 좌우된다. 그리고 바로 그런 까닭에 인간은 일시적인 것으로 영원한 것을 만드는 데 적임자이다. 정신은 인간 안에서 작용한다. 그러나 정신은 인간 안에서 특별한 방식으로 작용한다. 정신은 일시적인 것을 벗어나 작용한다. 일시적인 것이 영원한 것처럼 작용한다는 것, 즉 일시적인 것이 영원한 것처럼 움직이고 힘을 발휘한다는 것, 그것은 인간 영혼의 독특한 점이다. 그래서 인간 영혼은 신과 비슷한 동시에 벌레와도 비슷해진다. 이로써 인간은 신과 동물 사이 한가운데에 있게 된다. 인간 안에서 이렇게 움직이고 힘을 발휘하는 것은 인간 안에 있는 데몬이라는 요소이다. 그것은 인간 안에서 인간으로부터 벗어나려고 애쓰는 어떤 것이다. 헤라클레이토스는 이 사실을 다음과 같이 적절하게 언급했다.

"인간 안에 있는 데몬은 인간의 운명이다."(여기에서 데몬은 그리스적 의미로 쓰였다. 현대적 의미에서는 그것을 정신이라고 말해야 할 것이다.)

헤라클레이토스가 볼 때 인간 안에 있는 것은 이처럼 인격을 훨씬 넘어 확장된다. 이 인격은 데몬의 담지자이다. 데몬은 인격의 경계 내에 갇혀 있지 않으며, 인격이 죽고 태어나게 되는 것에 의미를 두지 않는다. 이 데몬은 인격으로 생성되고 소멸하는 것과 무슨 상관이 있을까? 데몬에게는 인격이 발현의 *한* 형태일 뿐이다. 이런 인식을 가진 자는 자기 자신을 넘어 앞뒤를 본다. 그가 자신 안에서 데몬을 체험한다는 것은 자기 자신의 영원성에 대한 증언이 된다. 그리고 이제 그는 데몬의 유일한 사명이 자신의 인격을 완성하는 데 있다고 여겨서는 안 된다. 왜냐하면 데몬을 보여주는 이 발현 형태들 중 단 하나만 인격일 수 있기 때문이다. 데몬은 *한* 인물 안에 틀어박힐 *수 없다*. 데몬은 많은 인물을 소생시킬 힘이 있다. 데몬은 온갖 인물로 변화될 수 있다. 재육화라는 대단한 사고는 마치 당연한 것처럼 헤라클레이토스의 전제들로부터 튀어나온다. 그러나 재육화의 사고뿐만 아니라 재육화의 *경험*도 그의 전제들로부터 튀어나온다. 그 사고는 그 경험을 준비할 뿐이다. 자기 안에서 데몬을 알아챈 사람은 그것을 순진무구한 것, 즉 최초의 것으로 만나지 않는다. 그런 사람은 데몬을 그 속성들과 함께 발견한다. 데몬은 어떻게 그 속성들을 갖게 될까? 나는 왜 그 속성들의 맹아가 있을까? 그것은 다른 인격들이 이미 나의 데몬에 작업했기 때문이다. 데몬의 과업이 나의 인격에서 수행되었다고 여겨서는 안 된다면, 내가 데몬에 작용하는 것은 어떻게 될까? 나는 나중의 인격를 위해 사전 준비를 한다. 나를 넘어 저쪽에 이르지만 아직은 신성과 같지 않은 어떤 것이 나와 세계 사이로 밀고 들어간다. 나의 데몬은 그 사이로 밀고 들어간다. 나의 오늘이 단지 어제의 결과인 것처럼, 나의 내일이 단지 나의 오늘의 결과일 것처럼, 나의 삶은 어떤 다른 삶의 결과이다. 그리고 그것은 다른 삶에 대한 원인이 될 것이다. 현세의 인간이 뒤로는 수많은 어제를, 그리고 앞으로는 수많은 내일을 보듯이, 현자의 영혼은 과거의 수많은 삶과 미래의 수많은 삶을 본다. 나는 어제 얻은 사상과 지식을 오늘 사용한다. 삶도 그렇지 않을까? 인간들은 아주 다양한 능력을 이용하여 현존의 지평에 발을 들여놓는 것이 아닌가? 상이성은 어디에서 연유할까? 그 차이는 무無에서 나올까? 우리의 자연과학은 유기적인 생명에 대한 직관의 영역에서 기적을 추방했다는 것을 몹시 자랑한다. 독일의 프로테스탄트 신학자이자 철학자인 다비트 프리드리히 슈트라우스David Friedrich Strauß(1808~1874,《낡은 신앙과 새로운 신앙Der alte und der neue Glaube》, 1872)는 완전한 유기적 피조물이 더 이상 기적을 통해 무에서 창조되었다고 생각하지 않는다는 것을 근대의 성과라고 칭한다. 우리가 완전함을 이해하는 것은 완전함을 불완전한 것으로부터의 발전을 통해 설명할 수 있을 때이다. 물고기의 시조始祖를 점차 변모한 원숭이의 효시로 여길 수 있다면, 원숭이의 구조는 더 이상 기적이 아니다. 그렇지만 자연에 대해 맞는 것처럼 보이는 것을 정신에 대해서도 적절하다고 받아들이기로 하자. 그렇다면 완전한 정신과 불완전한 정신의 전제조건들이 같아야 할까? 괴테가 미개한 아무나와 동일한 조건들을 가져야 할까? 물고기와 원숭이의 전제조건들이 같지 않은 것처럼, 괴테의 정신도 야만인의 정신과 동일한 전제조건을 갖지 않는다. 괴테의 정신과 야만인의 정신은 정신적 조상이 다르다. 정신은 육체와 마찬가지로 생성되었다. 괴테의 정신은 미개인의 정신보다 조상이 많다. 재육화에 대한 학설을 이런 의미로 여기자. 그러면 그것을 더 이상 "비과학적"이라고 여기지 않을 것이다.

그리고 영혼에서 발견되는 것을 올바르게 해석할 것이다. 주어진 것을 기적으로 받아들이지 않을 것이다. 내가 글을 쓸 수 있는 것은 내가 글쓰기를 배웠다는 사실 덕분이다. 전에 펜을 손에 쥐어 보지 못한 사람이라면 누구도 자리에 앉아 글을 쓸 수 없다. 하지만 이 사람 또는 저 사람은 그저 놀랍게도 "독창적인 시선"을 지닐 것이다. 아니, 이 "독창적인 시선"도 획득되어야 한다. 그 시선은 학습되어야 한다. 그리고 그 시선이 어떤 인격에서 생겨난다면, 우리는 그것을 정신적인 것이라고 부른다. 그러나 이 정신적인 것은 그야말로 배워서 있는 것이다. 정신적인 것은 나중의 삶에서 "할 수 있는" 것을 예전의 삶에서 이미 습득했다.

7   영원 사상은 그런 식으로, 그리고 *오로지* 그런 식으로만 헤라클레이토스와 다른 그리스 현자들의 머리에 떠올랐다. 그들은 직접적인 인격의 영속에 대해 결코 말하지 않았다. 그리스 철학자 엠페도클레스Empedokles(B.C. 490~430)의 말을 참고하자. 그는 주어진 것을 단지 기적으로 받아들이는 사람들에 대해 이렇게 말한다.

"그들은 어리석다. 그런 사고로는 멀리 도달하지 못하니까.
이전에 없었던 존재가 생길 수 있다거나, 어떤 것이 완전히 죽거나 완전히 사라질 수 있다고 망상하는 그들은.
존재하지 않는 것에서는 결코 어떤 생성도 가능하지 않다.
존재하는 것이 완전히 사라진다는 것도 완전히 불가능하다.

존재하는 것을 어디로 밀어내든 그것은 항상 존재하기 때문이다.
이를 깨우친 자는 결코 착각하지 않을 것이다.
이제 삶을 무엇이라 명명하든 살아있는 동안만
그들이 존재하고 또 슬픔과 기쁨을 느낀다고,
인간이 되기 전이나 죽은 뒤에는 아무것도 없었다고."

8 이 그리스 현자는 인간 안에 영원한 것이 과연 있는지에 대해 전혀 질문을 제기하지 않았다. 그보다는 오히려 이 영원한 것이 어디에 있을까, 그리고 인간이 그것을 어떻게 자기 안에 품고 돌볼 수 있을까, 하는 물음을 제기했다. 왜냐하면 처음부터 그에게는 인간이 현세적인 것과 신적인 것 사이의 중간적인 피조물로서 산다는 것이 명백했기 때문이다. 세속적인 것 바깥 저편에 있는 신적인 것에 대해서는 언급하지 않았다. 신적인 것은 인간 안에 있다. 신적인 것은 바로 인간적인 방식으로만 인간 안에 있다. 그것은 인간을 점점 더 신적인 것이 되도록 추동하는 힘이다. 그렇게 생각하는 사람만이 이렇게 엠페도클레스처럼 말할 수 있다.

"그대가 육체를 버리고 텅 빈 창공으로 훌쩍 뛰어오른다면,
그대는 죽음에서 빠져나와 불멸의 신이 될 것이다."

9 이런 관점에서 본다면 어떤 인간 생명이 생길 수 있을까? 인

간 생명은 영원한 것의 마법 같은 순환 질서를 전수받을 수 있다. 왜냐하면 영원한 것에는 단순히 자연적인 생명이 발전시키지 못하는 힘이 있을 것이기 때문이다. 그리고 이 힘이 이용되지 않은 채 남아 있다면, 이 생명은 쓰이지 않은 채 지나가버릴 수 있을 것이다. 이 힘을 활용하고, 그럼으로써 인간을 신적인 것을 닮게 하는 것, 그것이 신비의 과업이었다. 그리고 그리스 현자들도 그것을 과제로 삼았다. 플라톤의 다음의 진술을 그렇게 이해할 수 있다.

"축성 받지 못하고 거룩하게 되지 않은 채 저승에 도착하는 자는 진창에 빠지게 되지만, 정화되고 축성 받은 자가 그곳에 도착하면 신들 곁에 거한다."

그것은 불멸 사상과 관련되어 있는데, 그 사상의 의미는 전체 세계 *내에* 포함되어 있다. 인간이 자기 안에서 영원한 것을 불러일으키려고 감행하는 것은 전부 세계의 현존 가치를 높이기 위해서이다. 인간은 인식하는 자이며, 따라서 자기가 없어도 거기에 있을 것에 대한 상들을 만드는 우주를 한가하게 구경하는 존재가 아니다. 인간의 인식력은 고차적인 자연력, 창조하는 자연력이다. 인간에게서 정신적으로 반짝 빛나는 것은 신적인 어떤 것이다. 그 신적인 것은 그 전에 마법에 걸렸고, 인간이 인식하지 못하면 이용되지 않고 그대로 있으면서 마법을 풀어줄 다른 마법사를 기다릴 수밖에 없을 것이다. 이렇게 인간의 인격은 그 자체만으로는 살지 못한다. 인간의 인격은 세계를 위해 산다. 그렇게 보이는 삶은 개별적인 현존을 넘어서서 멀리 확장된다. 그런 직관으로 보면, 영원한 것을 조망하게 해주는 그리스 서정시인 핀다로스Pindaros(B.C. 518/522~446)가 쓴 문장들을 이해할 수 있다.

"저들을 본 다음 속이 빈 땅 아래로 내려가는 자는 복되다. 그는 삶의 끝을 안다. 그는 제우스가 약속한 처음을 안다."

10   우리는 헤라클레이토스와 같은 현자들의 당당한 성격과 고독한 기질을 이해한다. 현자들은 자신들이 보기에는 많은 것이 드러나 있다고 당당하게 말할 수 있었다. 왜냐하면 그들은 자신들의 지식이 결코 자신들의 무상한 인격 덕분이 아니라 그들 안에 있는 영원한 데몬 덕분이라고 주장했기 때문이다. 그들의 자부심에는 "무상한 사물들에 관한 모든 지식은 이 무상한 사물들 자체와 마찬가지로 영원히 흐른다"는 말로 표현된 겸손과 겸양이 들어있다. 헤라클레이토스는 영원한 세계를 놀이라고 부른다. 그는 영원한 세계를 최고의 진지함이라고도 부를 수 있을 것이다. 그러나 진지함이라는 말은 지상의 체험에 적용됨으로써 낡아버렸다. 영원한 것의 놀이는 무상한 것에서 싹튼 진지함이 인간에게서 빼앗는 삶의 확신을 인간에게 그대로 둔다.

11   헤라클레이토스와는 다른 형태의 세계관은 피타고라스Py-

thagoras(B.C. 580~500)가 기원전 6세기에 남부 이탈리아에 세운 공동체 내에서 신비 존재를 근거로 하여 생겨났다. 피타고라스학파는 수학을 통해 그 법칙을 연구한 수와 도형에서 사물들의 근거를 보았다. 아리스토텔레스는 피타고라스학파에 대해 이렇게 이야기한다.

"그들은 우선 수학을 계속했다. 그리고 그들은 거기에 완전히 몰두하면서, 수학의 시작이 동시에 모든 사물들의 시작이라고 생각했다. 수학적인 것에서는 자연의 수數들이 첫째가는 본성이고, 자신들이 수에서, 그것도 불과 흙과 물보다 수에서 사물들과 생성되는 것과 대단히 비슷한 면을 본다고 생각했기 때문에, 그들에게 수의 속성은 정의正義로 여겨졌다. 그 속성은 영혼과 정신과 달랐고, 또 시간과도 달랐으며, 나머지 모든 것과도 달랐다. 게다가 그들은 수에서 조화의 속성과 상태를 발견했고, 다른 모든 것은 본성 전체에 따르면 수들의 모사인 것 같았고, 수들이 자연에서 첫째인 것처럼 보였다."

12 자연 현상들의 수학·과학적 고찰은 언제나 모종의 피타고라스주의로 이어질 수밖에 없다. 일정한 길이의 현이 울리면 어떤 음이 생겨나는 법이다. 현의 길이가 일정한 수적 비례로 줄어들 때마다 항상 다른 음들이 생겨난다. 음 높이는 수적 비례를 통해 표현할 수 있다. 물리학도 색채 비율을 숫자들을 통해 표현한다. 두 물체가 결합하여 하나의 물질이 될 때마다, 숫자들을 통해 최종적으로 표현할 수

있는 아주 특정한 양의 하나의 물질이 마찬가지로 특정한 양의 다른 물질과 결합하는 일이 발생한다. 피타고라스학파의 관찰 감각은 자연에 있는 크기와 수에 따른 질서를 향했다. 기하학적인 도형들도 자연에서 비슷한 역할을 한다. 예를 들어 천문학은 천체에 적용된 수학이다. 피타고라스학파의 표상 활동에서 중요하게 된 것은 인간이 전적으로 자기 혼자, 즉 자기의 정신적인 작업을 통해서만 수와 도형의 법칙들을 탐구한다는 사실이다. 그럼에도 그 다음에 자연을 들여다보면 사물들이 인간이 스스로 자기의 영혼 안에서 밝혀낸 법칙들을 따른다는 사실이다. 인간은 스스로 타원의 개념을 만들어낸다. 인간이 타원의 법칙들을 확인한다. 그리고 천체는 인간이 확정한 법칙들에 따라 움직인다. (여기에서 중요한 것은 물론 피타고라스학파의 천문학적 직관들이 아니다. 그 직관들에 대해 말할 수 있는 것은, 여기에서 고려되는 점에서 볼 때 코페르니쿠스학파에 대해서도 말할 수 있다.) 이로부터 바로 나올 수 있는 결론은 인간 영혼의 활동은 일상적인 세계로부터 멀찍이 떨어져서 움직이는 것이 아니며, 오히려 적법한 질서로서 세계를 관통하는 것이 이 영혼의 활동에서 진술된다는 것이다. 피타고라스학파는 감각이 인간에게 감각적 현상을 보여준다고 생각했다. 그러나 감각은 사물이 따르는 조화로운 질서를 보여주지 못한다. 이 조화로운 질서를 바깥에 있는 세계에서 보고자 한다면 인간 정신은 그 질서를 먼저 자기 안에서 찾아야 한다. 세계의 더 깊은 감각, 즉 법칙에 따른 영원한 필연성으로서 세계 안에 존재하는 것, 그것이 인간 영혼에 나타난다. 그것은 인간 영혼 안에서 현재적 실제가 된다. 영혼 안에서 *세계에 대한 감각이 명료해진다.* 이 감각은 우리가 보고 듣고 만지는 것 안에 있지 않고, 영혼이 자신의 깊은 협곡에서 파헤치는 것 안에 있다. 따라서 영원한 질서들은 영혼의 밑바닥에 숨겨져 있다. 영혼 속으로 내려가 보라. 그러면 영원한 것을 찾을 것이다. 영원한 세계의 조화인 신은 인간 영혼에 있다. 영혼적인 것은 인간의 살갗으로 둘러싸인 육체성에 국한되지 않는다. 왜냐하면 영혼 안에 태어나는 것은 질서들로, 그 질서들에 따라 우주가 창공에서 돌기 때문이다. 영혼은 인격 안에 있지 않다. 인격은 창공을 관통하는 질서가 하는 말의 목소리 역할을 맡는다. 피타고라스의 정신 같은 것이 교부 니사의 그레고리오스 Gregorios (A.D. 335?~395?)가 한 다음의 말에 담겨있다.

"어떤 작은 것, 즉 제한된 것만이 인간의 본성인데 반해 신성은 무한하다고들 하는데, 무한한 것이 어떻게 아주 작은 것 안에 들어있을까? 신성의 무한함이 어떤 그릇에 담긴 것처럼 육신의 울타리에 둘러싸였다고 누가 말할 수 있는가? 우리의 삶에서조차 정신적 본성은 육신이라는 경계 안에 있지 않으며, 오히려 육체의 덩어리는 주변과의 경계로 제한되지만, 영혼은 사고의 움직임을 통해 자유롭게 창조물 전체에 퍼지니 말이다."

영혼은 인격이 아니다. 영혼은 무한성에 속한다. 이런 관점에서 보더라도, 피타고라스학파는 "어리석은 자들"만이 인격과 함께 영혼적인 것이 소진되었다고 착각할 수 있다고 말할 수밖에 없었다. 그들에게도 인격적인 것 안에서 영원한 것을 불러일으키는 것은 중요할 수밖에 없었다. 그들에게 인식은 영원한 것과의 교제였다. 인간이 이 영원한 것을 자기 안에 현존하게 하면 할수록, 피타고라스학파에게 인간은 그만큼 더 높게 여겨질 수밖에 없었다. 그들의 공동체에서 삶의 본질은 영원한 것과의 교류를 장려하는 것이었다. 그 공동체의 구성원들을 그런 교류로 인도하는 것이 피타고라스학파의 교육 내용이었다. 그러니까 철학적 전수가 이 학파의 교육이었다. 그리고 피타고라스학파는 아마도 신비 제식들이 구하는 것과 같은 것을 이런 생활방식을 통해 얻으려 애쓴다고 말할 수 있었을 것이다.

IV.

신비가 플라톤

1   그리스 정신 활동에서 신비가 무슨 의미를 지녔는지는 플라톤의 세계관을 보면 알 수 있다. 플라톤을 온전히 이해할 수 있는 방법은 하나뿐이다. 그를 신비에서 발산하는 빛 속으로 옮겨 놓아야 한다. 훗날의 플라톤 제자들인 신플라톤주의자들은 비밀학도 플라톤의 것이라고 주장하는데, 플라톤은 자격 있는 자들만, 그것도 "비밀 엄수의 맹세" 하에 비밀학에 참여시켰다. 신비의 지혜가 그랬던 것처럼, 플라톤의 가르침은 의미상 신비적인 것이라고 여겨졌다. 플라톤의 제7서신은 플라톤이 쓴 것이 아니라는 주장이 있지만, 여기에서 추구하는 목적에 비추어보면 그것은 아무 의미도 없다. 왜냐하면 서신에서 표현되는 신념에 관해 이런 방식으로 입장을 표명하는 이가 플라톤인지, 아니면 다른 사람인지는 우리에게 상관없을 수 있기 때문이다. 어쨌든 그 신념은 플라톤 세계관의 본질에 속했다. 서신에는 이렇게 쓰여 있다.

"마치 나의 노력이 어디를 향하는지 아는 것처럼, 즉 그들의 어떤 것도 전혀 믿을 수 없다는 말을 나나 다른 사람들에게서 들었거나 그들이 직접 생각해낸 것처럼 글을 써왔고 또 앞으로 쓸 모두에 대해 나는 이 정도는 말할 수 있다. 이런 대상들에 관한 어떤 글도 나 자신에게서 나온 바가 없고, 그런 글은 나와서도 안 될 것이다. 그런 것은 다른 학설들과 같은 방식으로 말로 할 수도 없고, 오히려 그 대상에 오래 몰두하고 파묻힐 필요가 있다. 그러나 그러고 나면 마치 불꽃이 튀어나와 영혼 안에 불을 밝혀 타오르는 것처럼 된다."

여기에서 신비의 의미를 찾을 수 없다면, 이 서신의 말들은 단지 개인적인 약점에 불과한 어구 사용의 무능함을 가리킬 수 있을 뿐이다. 플라톤이 글로 쓰지 않았고 결코 쓰려 하지 않은 것은 글로 쓴다는 것이 허망한 어떤 것임에 틀림없다. 그것은 어떤 느낌, 감정, 순간순간 이루어지는 전달 등을 통해서가 아니라 "몰입"을 통해 획득하는 체험임에 틀림없다. 그것은 플라톤이 선택된 사람들에게 줄 수 있었던 내밀한 교육을 가리킨다. 그러면 선택된 자들이 보기에는 플라톤의 말에서 불이 뿜어져 나왔지만, 다른 사람들이 보기에는 사유들만 쏟아져 나온 것이다. 이는 플라톤의 대화편들에 다가가는 방법과 무관하지 않다. 플라톤의 대화편들은 대체로 사람들의 정신적 상태에 따라 그 받아들여지는 정도가 다르다. 플라톤의 가르침에서는 그 말의 뜻보다 훨씬 많은 것이 플라톤으로부터 제자들에게 전해졌다. 플라톤이 가르쳤던 곳에서 참여자들은 신비의 공기 안에서 살았다. 플라톤의 말들은 잘 울려 퍼지고 진동수가 큰 배음倍音을 지녔다. 그런데 이 배음은 바로 신비의 공기를 필요로 했다. 그렇지 않으면 배음의 울림이 사라져 들리지 않았다.

2   플라톤의 대화 세계의 중심에는 소크라테스라는 인물이 있다. 여기에서 역사적인 것을 언급할 필요는 없다. 중요한 것은 플라톤에게서도 보이는 것 같은 소크라테스의 성격이다. 소크라테스는 진리를 위한 죽음을 통해 신성하게 된 인물이다. 그는 죽음을 삶의 온갖 순간들과 다르지 않은 한 순간에 불과한 것으로 여기는 전수자들처럼 죽었다. 그는 현존의 다른 사건 쪽으로 가는 것처럼 죽음으로 간다. 그는 평소에 그런 일이 있을 때 생기는 감정들이 심지어 친구들에게서도 일어나지 않도록 처신했다. 파이돈은 "영혼의 불멸에 관한 대화"에서 이렇게 말한다.

"그때 나는 참으로 아주 이상한 기분이 들었다. 친한 친구가 죽을 때 그 자리에 있는 사람과 달리 나는 전혀 연민에 사로잡히지 않았다. 거동으로 보나 말로 보나 그 남자는 무척 행복해 보였다. 그의 마지막은 무척 의연하고 기품 있었다. 그래서 나는 그가 또한 신적 소명 없이 저승에 가는 게 아니라 그곳에서도 잘 지낼 거라고 확신했다. 그래서 그렇게 초상을 치를 때 생길 법한 정에 약한 마음의 동요가 나에게는 조금도 일지 않았고, 또 한편으로는 그때 우리의 담화가 평소 철학에 몰두할 때와 다르지 않았음에도 그럴 때의 유쾌한 기분도 들지 않았다. 그보다는 이 남자가 이제 곧 죽을 거라는 생각에 나는 평소와 달리 쾌감과 비탄이 뒤섞이는 불가사의한 상태였다."

그리고 죽어가는 소크라테스는 제자들에게 불멸에 대해 가르쳤다. 삶의 무가치에 관해 경험이 있는 이 인물은 여기에서 온갖 논리, 온갖 이성의 근거들과는 완전히 다른 증거로 작용한다. 그것은 한 인간이 말하는 것 같지 않다. 왜냐하면 이 인간은 바로 저편으로 넘어가는 자이기 때문이다. 그보다 그것은 어떤 무상한 인격에 자신의 거처를 정한 영원한 진리 자체가 말하는 것 같다. 시간적인 것이 無로 소멸될 때, 거기에는 영원한 것의 소리가 울릴 수 있는 공기가 있는 것처럼 보인다.

3   불멸에 관해서는 논리적 의미의 어떤 증거도 우리 귀에는 들리지 않는다. 대화 전체는 친구들을 영원한 것이 보이는 곳으로 데려가는 것에 맞춰져 있다. 그러니 그 대화는 그들에게 어떤 증거도 제시할 필요가 없다. 장미가 빨갛다는 것을 그 장미를 보는 자에게 또 어떻게 증명해야 할까? 정신을 보는 눈을 뜨게 되는 자에게 정신이 영원하다는 것을 또 어떻게 입증해야 할까? 소크라테스가 가리키는 것은 경험, 즉 체험이다. 그것은 우선 지혜 자체에 대한 체험이다. 지혜를 얻으려고 노력하는 자는 무엇을 원할까? 그런 자는 감각들이 일

상적인 관찰 속에서 제공하는 것으로부터 자유로워지려고 한다. 그는 감각세계에서 정신을 찾으려 한다. 그것은 죽음에 견줄 수 있는 사실이 아닐까? 소크라테스의 견해는 이렇다. "요컨대 철학을 제대로 다루는 사람들은 당연히 다른 사람들이 알아채지 못하게, 죽는다는 것과 죽은 상태 말고는 다른 어떤 것도 추구하지 않을 것이다. 이것이 사실이라면, 그들이 평생 오직 그것만을 얻으려고 노력하고는 그들이 그렇게 오랫동안 추구했고 얻으려고 애썼던 것을 앞에 두고 언짢아하는 것이 이상한 일일 것이다."

소크라테스는 그것을 확인하기 위해 친구들 중 한 명에게 묻는다.

"그대는 맛있는 음식이나 술처럼 소위 감각적인 쾌락을 위해 노력하는 것이 철학자에게 어울린다고 생각하는가? 또는 성욕의 만족을 위해 노력하는 것은? 그리고 육체를 위한 다른 것들에 대해서도 철학자가 매우 유념할 거라고 생각하는가? 아름다운 옷, 신발, 몸에 걸치는 갖가지 장신구들을 소유하는 것은 어떨까? 극도의 궁핍으로 인해 요구되는 것 이상으로 그가 그런 것들을 눈여겨보거나 무시할 것이라고 생각하는가? 그러니까 대체로 그런 사람이 전적으로 육체에 몰두하지 않고 가능한 한 육체를 외면하고 영혼을 향한다고 생각되지 않는가? 결국 여기에서 철학자는 우선 자신의 영혼을 육체와의 결합에서, 무엇보다도 다른 모든 인간들과의 결합에서 떼어내는 모습을 보인다."

그 후에 소크라테스는 이렇게 한 마디 할지 모른다. 지혜를 추구하는 것과 죽음은 그 둘이 모두 인간이 육체적인 것을 벗어난다는 점에서 동일하다고 말이다. 그런데 인간은 과연 방향을 어디로 바꿀까? 인간은 정신적인 것을 향한다. 하지만 인간은 감각들로부터 원하는 것을 똑같이 정신으로부터 원할 수 있을까? 소크라테스는 그것에 관해 이렇게 말한다.

"그런데 이성적인 통찰 자체의 사정은 어떨까? 그것을 추구할 때 육체를 동반자로 받아들인다면, 그때 육체는 방해가 될까, 아닐까? 내 생각은 이렇다. 시력과 청력이 과연 인간에게 진리를 얼마간이라도 제공할까? 혹은 시인들만 늘 우리가 아무것도 듣지도 보지도 못한다고 노래할까? … 그렇다면 영혼은 언제 진리를 만날까? 육체의 도움으로 뭔가를 관찰하려고 하면 영혼이 육체에게 기만당할 게 분명하니 말이다."

우리가 육체의 감각들을 가지고 지각하는 모든 것은 생겨나고 사라진다. 그리고 이렇게 생겨나고 사라지는 것에 우리는 그야말로 속게 된다. 그러나 우리가 이성적인 통찰을 통해 사물들을 더 깊이 들여다본다면, 그 속에서 영원한 것이 우리에게 주어진다. 이와 같이 감각들은 우리에게 영원한 것을 그 참모습으로 제공하지 않는다. 우리가 무조건 신뢰하는 순간 감각들은 사기꾼이 된다. 감각들이 사색적 통찰에 맞세워져 감각들의 진술이 통찰의 시험을 받게 될 때, 감각들은 우리를 기만하기를 그친다. 그런데 감각들의 지각을 넘어서는 어떤 것이 사색적 통찰에 살지 않는다면, 그 통찰이 어떻게 감각들의 진술에 판결을 내릴 수 있을까? 그러니까 사물들에서 무엇이 진실이고 거짓인지 우리 안에서 결정하는 것은 감각적인 육체에 대립되는 어떤 것, 즉 육체의 법칙들에 예속되어 있지 않은 어떤 것이다. 이런 어떤 것은 특히 그것의 생성과 소멸의 법칙들에 예속되어 있어서는 안 된다. 왜냐하면 이런 어떤 것은 진리를 안에 지니고 있기 때문이다. 그런데 진리는 어제와 오늘을 가질 수 없다. 진리는 감각적인 사물들처럼 어떤 때는 이것이고, 또 어떤 때는 저것일 수 없다. 따라서 진리 자체는 영원한 것이어야 한다. 그리고 철학자는 감각적이고도 무상한 것에서 방향을 돌려 진리 쪽을 향함으로써 동시에 자기 안에 거하는 영원한 것에 접근한다. 그리고 우리가 완전히 정신에 몰두한다면, 우리는 전적으로 진리 안에 산다. 우리 주위의 감각적인 것은 더 이상 그 감각적인 형태로 존재하지 못한다. 소크라테스는 이렇게 말했다.

"생각할 때에도 얼굴을 돌리지 않고 숙고할 때에도 어떤 다른 감각을 끌어들이지 않으면서 가능한 한 많이 정신을 동원하여 모든 일에 착수하는 사람뿐만 아니라, 순수한 생각만 사용하면서 또한 가능한 한 많이 눈과 귀와 분리되어, 간단히 말하자면 같이 있을 때 영혼을 방해하기만 하고 영혼이 진리와 통찰을 얻지 못하게 하는 육체 전체와 분리되어 각각의 것을 순전히 그 자체로 이해하려고 노력하는 사람, 그런 사람은 아마도 이것을 가장 순수하게 실행할 수 있을 것이다. … 그런데 죽음은 육체로부터 영혼의 구원이자 분리를 뜻하지 않을까? 그리고 항상 대체로 진실한 철학자들만 영혼을 분리시키려고 애쓴다. 이와 같이 그것, 즉 육체로부터 영혼의 해방과 분리는 철학자의 일이다. … 그런 까닭에 평생 죽음에 가능한 한 가까이 있을 준비가 되어 있는 사람이 나중에 그 죽음이 올 때 깜짝 놀라 겁을 먹는 듯한 태도를 취한다면 어리석다. … 실제로 올바른 지혜 수행자들은 죽으려고 애썼고, 모든 인간들 중에서 그들에게는 죽음이 가장 무섭지 않다."

소크라테스는 또한 모든 고차적인 도덕성의 근거를 육체로부터의 해방에 둔다. 육체가 명하는 것만 좇는 자는 품행이 단정하지 않다. 소크라테스는 "누가 용감한가?" 하고 묻는다. 육체를 좇지 않고 정신의 요구들이 육체를 위태롭게 할 때에도 정신의 요구들을 따르는 사람은 용감하다. 그리고 누가 사려 깊은가? "욕망에 마음을 빼앗기지 않고 오히려 무관심하고 정숙한 태도를 보이는 것이 신중하지 않을까? 그러므로 신중함 역시 육체를 가장 사소하게 여기고 지혜에 대한 사랑으로 사는 사람들에게만 어울리지 않을까?"

그리고 소크라테스의 견해에 따르면 모든 덕목들의 사정이 이와 같다.

4   소크라테스는 이성적 통찰의 특성을 서술하는 데로 나아간다. 인식한다는 것은 대체 무슨 말일까? 우리가 판단함으로써 인식에 이르는 것은 분명하다. 자, 내가 어떤 대상에 대해 판단을 내린다. 예를 들어 나는 지금 내 앞에 있는 이것이 나무라고 생각한다. 나는 어떻게 그런 생각을 하게 되는 걸까? 나는 나무가 무엇인지 이미 알고 있을 때에만 그렇게 할 수 있을 것이다. 나는 나무에 대해 내가 갖고 있는 표상을 *기억*해내야 한다. 나무는 감각적인 사물이다. 내가 나무를 생각해낸다면, 나는 감각적인 대상을 기억하고 있는 것이다. 내가 어떤 사물에 대해, '저것은 나무야', 하고 말하는 것은, 그것이 내가 예전에 지각한 다른 사물들과 비슷하고 또 내가 그 사물들이 나무임을 알고 있을 때이다. *기억*은 내게 인식을 매개한다. 기억은 내가 다양한 감각적인 사물들을 서로 비교할 수 있게 해준다. 그러나 그것 때문에 나의 인식이 소진되지는 않는다. 나는 동일한 두 개의 사물을 볼 때 이렇게 판단한다. 이 사물들은 똑같다고. 하지만 실제로 두 개의 사물은 결코 완전히 똑같지 않다. 나는 어디에서나 모종의 관계에서만 동일성을 찾을 수 있다. 그러니까 동일성의 생각이 내게 떠오르지만, 그것은 감각적 현실에는 없다. 기억이 나를 도와 판단을 내리게, 즉 인식에 이르게 하는 것처럼, 동일성의 생각은 내가 판단을 내리도록 도와준다. 내가 나무 곁에서 나무들을 기억해내는 것처럼, 두 개의 사물을 모종의 관계 속에서 관찰할 때 나는 동일성의 생각을 기억해낸다. 이와 같이 감각적 현실에서 얻어지지 않는 기억들처럼 생각들이 내게 떠오른다. 이 현실에서 빌리지 않은 모든 인식은 그런

생각들을 기반으로 한다. 수학 전체는 그런 생각들로만 이루어진다. 눈으로 보고 손으로 잡을 수 있는 것만 수학적 관계들에 놓을 수 있는 사람은 실력 없는 기하학자일 것이다. 그러므로 우리는 무상한 자연에서 유래하지 않고 정신에서 떠오르는 생각들이 있다. 그리고 바로 이 생각들은 영원한 진리의 특징을 지닌다. 수학이 가르치는 것은 영원히 참일 것이다. 내일 세상이 전부 무너지고 완전히 새로운 것이 세워진다 하더라도 말이다. 다른 세상에는 현재의 수학적 진리들을 적용할 수 없다는 조건들이 통할 수 있을 것이다. 하지만 그럼에도 그것들은 그 자체로 계속 참으로 남는다. 영혼이 자기 혼자 있다면, 영혼은 다만 자신에게서 그런 영원한 진리들을 끄집어낼 수 있다. 따라서 영혼은 참된 것, 즉 영원한 것과 유사하고, 시간적인 것, 즉 외견상 보이는 것과는 가깝지 않다. 그래서 소크라테스는 이렇게 말한다.

"영혼이 자기 자신을 통해 고찰한다면, 영혼은 순수하고 항상 존재하고 불멸이며 자기 자신과 같은 것에 이른다. 그리고 이것과 유사한 것으로서 영혼은 자기 자신을 위해 있고 기꺼이 그럴 수 있을 때 그것의 편이 된다. 그러고 나면 영혼은 자신의 방황에서 벗어나 휴식을 얻고, 그것과 관련해서도 영혼이 바로 그런 것을 건드리기 때문에 항상 자기 자신과 비슷하다. 그래서 영혼의 이런 상태를 바로 합리성이라고 부른다. … 자, 이미 말한 것에서 영혼은 신적이고 불멸이고 합리적이고 균일하고 용해되지 않고 항상 같으면서 자기 자신과 유사한 태도를 취하는 것과 가장 비슷하다는 추론이 나오지 않는지 지켜 보아라. 또 육체가 인간적이고 죽을 운명이고 비이성적이고 여러 모양이고 용해되고 결코 같으면서 자기 자신과 유사하게 남아있지 않는 것과 가장 비슷하다는 추론이 나오지 않는지 지켜보아라. … 그러므로 사정이 그러하다면, 영혼은 자기와 비슷한 무형의 것에, 그리고 신적이고 불멸이고 합리적인 것에 이른다. 그렇게 되면 영혼은 오류와 무지, 두려움과 거친 사랑과 인간의 온갖 다른 악에서 해방되어 행복하게 되고, 전수자들의 경우처럼 남은 시간을 정말로 신과 함께 살아간다."

여기에서의 과제는 소크라테스가 친구들을 영원한 데로 이끄는 모든 길을 보여주는 것이 아니다. 모두가 정말로 같은 정신을 숨 쉰다. 모두가 보여주어야 할 것은, 인간이 무상한 감각지각의 모든 길을 바꿀 때 다른 것을 발견하고, 인간의 정신이 자기 자신하고만 있을 때 다른 것을 발견한다는 것이다. 소크라테스는 그의 말에 귀를 기울이는 사람들에게 이처럼 정신적인 것 본래의 본성을 알려준다. 그들은 그것을 발견한다면, 정신의 눈으로 정신적인 것이 영원하다는 것을 본다. 죽어가는 소크라테스는 불멸을 입증하지 않는다. 그는 그저 영혼의 본질을 보여준다. 그러면 여기에서 생성과 소멸, 탄생과 죽음이 이 영혼과 아무 관련이 없다는 것이 명백해진다. 영혼의 본질은 진리에 있다. 그런데 진리는 생성되고 소멸할 수 없다. 짝수가 홀수와 관계 있는 만큼 영혼은 생성과 관련이 있다. 그러나 죽음은 생성에 속한다. 이와 같이 영혼은 죽음과 아무 관련이 없다. 불멸의 것에 대해 짝수가 홀수를 받아들이는 것처럼, 불멸의 것이 죽을 운명의 것을 받아들이지 않는다고 말하면 안 될까. 이로부터 소크라테스가 "불멸의 것이 무상하지 않다 하더라도 영혼은 죽음이 다가올 때 당치않게 몰락할 수 있다."고 생각한다고 말하면 안 될까? "왜냐하면 죽음은 방금 입증된 바에 따르면 영혼을 받아들일 수 없고, 3의 수가 결코 짝수일 수 없는 것처럼 죽을 수도 없기 때문이다."

5   소크라테스가 자신의 청중들이 영원한 것을 인간의 인격에서 보도록 이끄는 이 대화의 전개를 전부 개관해보자. 청중들은 소크라테스의 생각들을 받아들인다. 그들은 자기 안에서 자기들 고유의 내적 체험들에 어떤 것이 존재하는지 탐구하고, 이로써 소크라테스의 의견들에 "예." 하고 말할 수 있다. 그들은 그들의 마음에 자주 떠오르는 이의를 제기한다. 대화가 그 목적을 달성했을 때 청중들에게는 무슨 일이 일어났을까? 그들은 자기 안에서 그들이 전에는 가져보지 못한 어떤 것을 발견했다. 그들은 단지 추상적 진리만 자기들 안에 받아들인 게 아니었다. 그들은 발전을 두루 경험했다. 그 전에는 그들 안에 살지 않던 어떤 것이 그들 안에 살게 되었다. 그것은 전수에 견줄 수 있는 어떤 것이 아닐까? 그것이 플라톤이 자기 철학을 왜 대화 형태로 설명했는지 밝혀주지 않을까? 이 대화들은 바로 신비의 장소들에서 일어나는 사건들에 대한 문학적 형태 외에 다름 아닐 것이다. 플라톤 자신이 여러 대목에서 말하는 것이 우리로 하여금 그렇

게 확신하게 한다. 철학적 스승으로서 플라톤은 철학적 전달 방식으로 할 수 있는 한 신비를 전수하는 자이고자 했다. 플라톤은 어떻게 자기가 신비의 방식과 일치하고 있음을 알까! 그는 어떻게 자기의 방식이 신비가가 인도되어야 하는 곳으로 나아갈 때에만 옳다고 여길까! 플라톤은 《티마이오스》에서 그것에 관해 진술한다.

"어느 정도 올바른 신념을 지닌 모든 사람들은 크고 작은 모험들에서 신들에게 간청한다. 그러나 우주에 관해 우주가 어느 정도까지 생성되었고 또 어느 정도로 생성되지 않았는지 가르칠 작정을 하는 우리는 특히 완전히 길을 잃지 않았을 때 신들을 부르고, 모든 것을 우선 신들의 정신에서 그리고 그 다음에는 우리 자신과의 일치 속에서 가르치라고 기도해야 한다."

그리고 그런 길에서 추구하는 사람들에게 플라톤은 이렇게 약속한다.

"구원자로서의 신은 명백한 학설의 혼란스럽고 아주 동떨어진 연구를 종결하게 할 수 있다."

6 《티마이오스》는 특히 플라톤의 세계관이 지닌 신비적 성격을 밝히는 대화다. 이 대화의 바로 첫 부분에서 "전수"가 언급된다. 아테네의 정치가 솔론Solon(B.C. 640~560)은 어느 이집트 사제로부터 세계의 생성에 대한 비밀과 전승된 신화들에서 비유적으로 영원

한 진리들이 진술되는 방식을 "전수받는다".

"이미 많은 인간들이 가지각색의 방법으로 절멸되었고(이집트 사제는 솔론에게 이렇게 가르친다), 앞으로도 더 그렇게 될 것이다. 가장 광범위한 절멸은 불과 물을 통해 이루어지지만, 무수한 다른 원인들을 통해 보다 미미한 다른 절멸이 행해질 것이다. 그 이유는 이렇다. 태양신 헬리오스의 아들 파에톤이 일찍이 아버지의 마차에 올라탔는데, 아버지의 길을 다니는 법을 알지 못했기 때문에 땅 위의 모든 것을 불태웠고 그 자신도 번개에 맞아 죽었다. 그대들도 듣게 되는 이 이야기는 우화처럼 들리기는 한다. 그러나 여기에서 진리는 지구 주위를 도는 천체의 바뀐 운동이고, 지구에 존재하는 모든 것이 시간적으로 큰 간격을 두고 나타나는 많은 불에 의해 없어지는 파괴이다."

《티마이오스》의 이 대목에는 전수자가 민족의 신화들에 대해 어떤 태도를 취하는가에 대한 분명한 언급이 담겨 있다. 그는 그 비유들 속에 감춰져 있는 진리들을 인식한다.

7 세계의 생성에 대한 드라마가 《티마이오스》에서 제시된다. 이렇게 세계의 생성으로 이어지는 흔적들을 따라가려는 사람은 모든 것을 생성한 근원적인 힘을 *예감*하게 된다.

"그런데 이 만물의 창조자이자 아버지를 찾아내기란 어렵다. 그리고 그를 찾아냈을 때 모두를 위해 그에 관해 알기 쉽게 말하기란 *불가능하다*."

신비가는 이 "불가능성"이 무슨 의미인지 알았다. 그것은 신의 드라마를 가리킨다. 신은 신비가가 보기에 감각적-지적인 것에 존재하지 않는다. 거기에서 신은 자연으로만 존재한다. 신은 자연에서 마법에 걸려 있다. 옛 신비가들의 견해에 따르면, 신적인 것을 자기 안에서 스스로 불러일으키는 사람만이 신에게 다가갈 수 있다. 따라서 신은 갑자기 모두가 알아들을 수 있게 설명될 수 없다. 그러나 신에게 다가가는 자에게조차 신은 스스로 모습을 드러내지 않는다. 티마이오스는 이렇게 말한다. 아버지는 세계 육체와 세계 영혼으로 세상을 만들었다. 신은 자기 자신을 쏟아부으며 자기의 특별한 존재를 내줄 때 생겨난 원소들을 조화롭게 완벽한 비율로 섞었다. 이로써 세계 육체가 생겨났다. 그리고 세계 영혼은 십자가 형태로 이 세계 육체에 펼쳐진다. 세계 영혼은 세상에서 신적인 것이다. 세계 영혼은 세상이 존재할 수 있도록 *십자가* 죽음을 발견했다. 그래서 플라톤은 자연을 신적인 것의 무덤이라고 부를 수 있다. 하지만 죽은 것이 놓여있는 무덤이 아니라, 죽음이 삶의 전능을 표현할 기회를 주는 영원한 것이 있는 무덤이라고. 그리고 십자가에 매달린 세계 영혼을 구해내려고 자연 앞으로 나아가는 인간은 이 자연을 제대로 본다. 자연은 자신의 죽음으로부터, 즉 자신의 마법에 걸린 상태에서 소생해야 한다. 자연은 어디에서 다시 되살아날 수 있을까? 오직 전수받은 인간의 영혼에서만 가능하다. 이와 함께 지혜는 우주와 올바른 관계를 발견한다. 부활, 즉 신의 구원, 그것은 인식이다. 《티마이오스》에서 세계의 발전은 불완전한 것으로부터 완전한 것으로 나아가는 것을 추구한다. 위로 올라가는 과정이 표상된다. 존재들이 발전한다. 신은 이런 발전 속에서 모습을 드러낸다. 생성은 신이 무덤에서 나오는 부활이다. 이런 전개 가운데 인간이 등장한다. 플라톤은 어떤 특별한 것이 인간과 함께 거기에 있음을 보여준다. 세계 전체는 신적인 것이기는 하다. 그리고 인간은 다른 존재들보다 더 신적이지는 않다. 그러나 다른 실재들에게 신은 감춰진 형태로 있고, 인간에게는 지금 눈에 보이는 형태로 있다. 《티마이오스》의 끝부분에는 이런 말이 나온다. "이제부터는 또한 우주에 관한 우리의 논의가 그 목적을 달성했다고 주장하고 싶다. 왜냐하면 이 세계는 묘사된 방식에서는 죽을 운명의 그리고 불멸의 살아있는 존재들을 갖추고 또 그 존재들로 채워진 후, (그렇게 몸소) 모든 가시적인 것을 포괄하는 이런 형태의 가시적 존재가 되었고, 창조자이자 감각적으로 지각 가능한 신의 모상이 되었으며, 또 (있을 수 있는) 가장 크고 최상의 것인 동시에 가장 아름답고 완벽한 세계, 즉 하나이자 창조된 이 세계가 되었기 때문이다."

8 그러나 하나이자 창조된 이 세계는 그 모상들 중에 또한 창조자의 모상을 지니고 있지 않다면 완벽하지 않을 것이다. 이 모상은 인간 영혼으로부터만 태어날 수 있다. 인간이 낳을 수 있는 것은 아

버지 자신이 아니라, 영혼에 사는, 아버지와 같은 신의 후손인 *아들*이다.

9	부활한 플라톤이라고 불리는 유대인 사상가 필론은 영혼에 살고 세상에 존재하는 이성을 내용으로 삼는, 인간에게서 태어난 지혜를 "신의 아들"이라고 칭한다. 이 세계이성, 즉 로고스는 "세계를 구성하는 모든 것을 쓰고 그린 책"으로 모습을 드러낸다. 세계이성은 또한 신의 아들로 나타난다.

"아들은 아버지의 방법들을 흉내 내고 원형들을 중시하면서 형태들을 만든다."

플라톤 학설을 신봉하는 필론은 그리스도에게 하듯 로고스에 말을 건다.

"신은 우주의 첫째이자 유일한 왕이기 때문에, 그에게 가는 길은 마땅히 왕의 길이라고 불렸다. 그러나 철학은 마음을 사로잡는 쾌락의 마법에서 벗어나 미美의 합당하고 진지한 보호에 헌신하는 옛 고행자들의 합창이 변화시키는 길을 이 왕의 길이라고 여긴다고 한다. 우리가 진정한 철학을 일컫는 이 왕의 길을 율법은 하느님의 말씀과 정신이라고 부른다."

10   필론은 자신이 하느님의 아들이라고 여기는 로고스를 만나기 위해 이 길에 들어설 때 그것을 전수처럼 느낀다.

"나는 나 자신에게 무수히 많이 일어났던 것을 알리기를 마다하지 않는다. 그런데 때때로 내가 평소대로 나의 철학적 생각들을 기록하려 하고 무엇을 규명할 수 있는지 아주 엄정하게 보았을 때, 나는 나의 정신이 열매를 맺지 못하고 뻣뻣하다고 여겼다. 그래서 나는 어떤 것을 완수하지 못한 채 그만두어야 했고, 내가 공허한 망상에 사로잡혀 있다고 여겼다. 하지만 동시에 인간 영혼의 품을 열고 닫는 사유적-실재적인 것의 위력에 놀랐다. 그러나 언젠가 내가 빈손으로 시작했는데, 별 어려움 없이 가득 차게 되었다. 그것은 생각들이 마치 눈송이나 낟알처럼 위로부터 보이지 않게 아래로 내려와 신적인 힘처럼 나를 사로잡고 감격하게 만듦으로써 가능했다. 그래서 나는 내가 어디에 있고, 내 곁에 누가 있고, 나 자신이 누구이고, 내가 무슨 말을 하고, 내가 무엇을 글로 쓰는지 알지 못했다. 왜냐하면 마치 내적인 눈이 이제 모든 것을 대단히 명료하게 인식할 수 있는 것처럼, 황홀한 밝음, 날카로운 시선, 소재의 명백한 제어 등, 이제 묘사의 강물이 내게 주어졌기 때문이다."

이것은 인식의 길에 대한 대단히 신중한 묘사로, 이 길을 가는 자는 자기 안에 로고스가 살게 될 때 자기가 신적인 것과 합류한다는 것을 의식하는 것처럼 보인다. 그것은 다음의 말에서도 분명히 표현된다.

"사랑에 사로잡힌 정신이 신의 날개를 달고 기쁘게 흔들며 가장 신성한 것 속으로 비행할 때, 정신은 다른 모든 것과 자기 자신을 잊는다. 즉 정신이 그 추종자이자 하인인 것, 그리고 정신이 가장 신성하고 가장 순결한 덕을 봉헌하는 것, 그것으로만 정신은 채워지고 또 그것에만 순응한다."

필론에게는 두 가지 길만 있다. 하나는 감각적인 것, 즉 지각과 지성이 제공하는 것을 좇은 다음, 자기의 인격에 국한하여 우주에서 벗어나는 것이다. 다른 하나는 우주적 권능을 알게 되는 것이다. 그러면 인격 내에서 영원한 것을 경험한다.

"신을 피하려는 자는 자기 꾀에 넘어간다. 왜냐하면 신인 우주 정신과 본래의 정신, 이 두 가지가 문제되기 때문이다. 후자는 도망쳐서 우주 정신으로 피신한다. 왜냐하면 자기 본래의 정신을 넘어서는 자는 자기의 정신이 아무것도 아닌 무無라고 생각하고 모든 것을 신과 결부시키기 때문이다. 그러나 신을 피하는 자는 이런 근원을 없애고, 자신을 발생하는 모든 것의 근거로 삼는다."

11 그 전체 형태가 종교인 인식은 플라톤의 세계관일 것이다.

플라톤의 세계관은 인식을 인간이 감정들을 가지고 도달할 수 있는 최고의 것과 관련시킨다. 인식에서 감정이 가장 완벽하게 충족될 수 있을 때에만, 플라톤은 이런 인식을 인정할 수 있다. 그럴 때 인식은 비유적 지식이 아니다. 그것은 삶의 내용이다. 인식은 인간 안의 고차적 인간이다. 인격은 그 인간의 모상일 뿐이다. 인간 자신 안에서 탁월한 인간, 즉 인류의 시조始祖가 태어난다. 그리고 이와 함께 다시 플라톤 철학의 신비의 비밀이 표현될 것이다. 그리스 교부 히폴리토스Hippolytos(170?~235?)는 이 비밀에 대해 언급한다.

"그것은 말로 진술할 수 없고 전수자들만 알고 있는 사모트라케섬 사람들(특정한 신비의식의 수호자들)의 위대한 비밀이다. 그런데 이 사람들은 아담에 대해 자신들의 시조로 상세히 설명할 줄 안다."

12   사랑에 관한 플라톤의 대화인 《향연》도 "전수"를 묘사한다. 여기에서는 사랑이 지혜를 미리 알리는 예고자로 나온다. 영원한 말씀(로고스)인 지혜가 영원한 세계 창조자의 아들이라면, 사랑은 이 로고스와 모자관계이다. 또한 인간의 영혼에서 단 한 점의 밝은 지혜의 빛이 빛날 수 있기 전에, 어렴풋한 열망, 즉 이 신적인 것으로 나아가려는 성향이 있어야 한다. 무의식적이기는 하지만, 신적인 것은 나중에 의식 속에 드높여져 자신의 최고의 행복을 형성하는 것 쪽으로 인간을 끌어당겨야 한다. 헤라클레이토스에게서 인간 안의 데

몬으로 나타나는 것(본문 59쪽 이하 참조), 사랑의 표상이 그것과 결합된다. 《향연》에서는 범부, 정치가, 학자, 그리스 희극 시인 아리스토파네스Aristophanes(B.C. 445?~385?), 그리스 비극 시인 아가톤Agathon(B.C. 5세기?) 등, 신분도 인생관도 아주 다른 인간들이 사랑에 관해 진술한다. 그들은 자기들 처지의 경험에 따라, 각자 사랑에 관한 자기 나름의 견해를 갖고 있다. 견해의 표명이 어떤가에 따라 그들의 "데몬"이 어떤 단계에 있는지 드러난다(본문 90쪽 참조). 사랑을 통해 한 존재는 다른 존재에게 이끌린다. 다양한 것, 즉 신적 통일성이 녹아든 사물들의 다양성은 사랑을 통해 통일성, 즉 조화를 향해 나아간다. 그러니까 신적인 어떤 것은 사랑이다. 따라서 누구나 단지 각자 스스로 신적인 것에 관여하고 있는 것만큼 사랑을 이해할 수 있다. 여러 성숙 단계의 인간들이 사랑에 대한 자기들의 생각을 다 밝히고 난 후 소크라테스가 발언한다. 그는 깨달은 자로서 사랑을 고찰한다. 그에게 있어서 사랑은 신이 아니다. 그러나 사랑은 인간을 신에게 인도해가는 어떤 것이다. 에로스, 즉 성애는 그에게 신이 아니다. 왜냐하면 신은 완벽하기 때문이다. 즉 신이 미와 선을 지니고 있기 때문이다. 그러나 에로스는 미와 선에 대한 욕망일 뿐이다. 에로스는 이와 같이 인간과 신 사이에 있다. 에로스는 "데몬", 즉 현세적인 것과 신적인 것 사이의 중재자이다. 소크라테스가 사랑에 관해 말할 때 자기의 생각을 보여주지 않는다는 것은 의미심장하다. 그는 다만 어떤 여성이 그것에 관해 *계시*처럼 알려준 것을 이야기할 따름이라고 말한다. 그가 사랑에 대한 어떤 표상을 갖게 된 것은 점술占術을 통해서이다. 여사제 디오티마는 소크라테스에게서 무엇이 그의 안에 있는 데몬적인 힘으로서 신적인 것으로 이어질지 일깨워주었다. 그녀가 그에게 "전수했다." 《향연》의 이런 특성은 의미하는 바가 많다. 우리는 이렇게 물어야 한다. 소크라테스의 내면에서 데몬을 불러일으키는 "현명한 여성"은 누구인가? 여기에서는 단순한 문학적 비유를 생각할 수 없다. 왜냐하면 이렇게 눈뜨게 하는 각성으로 나아가는 힘이 영혼 자체 안에 없다면, 감각적-현실적인 어떤 현명한 여성도 영혼에서 데몬을 불러일으킬 수 없기 때문이다. 그런데 우리는 소크라테스의 본래의 영혼에서도 이 "현명한 여성"을 찾아야 한다. 그러나 영혼 자체에서 데몬을 현존하게 만드는 것을 외적-현실적 존재로 보이게 하는 근거는 있어야 한다. 이 힘은 사람들이 영혼 안에서 어울린다고, 즉 영혼 안에서 편안하다고 여길 수 있는 힘처럼 작용할 수 없다. 그것은 소크라테스가 "현명한 여성"으로 설정하는 지혜를 영접하기 이전의 영혼의 힘인 것처럼 보인다. 그것은 신의 아들, 지혜, 로고스를 낳는 모성의 원리이다. 신적인 것을 의식 속에 들어서게 하는, 무의식적으로 작용하는 영혼의 힘은 여성적 요소라고 주장된다. 아직 지혜가 없는 영혼은 신적인 것으로 이어지는 것의 어머니이다. 사람들은 거기에서 신비주의라는 중요한 표상에 이르게 된다. 영혼은 신적인 것의 어머니로 인정된다. 영혼은 자연력의 필연성과 함께 인간을 *무의식적*으로 신적인 데로 인도한다. 거기에서부터 빛 한 줄기가 그리스 신화의 신비관을 비춘다. 신들의 세계는 영혼에서 태어났다. 인간은 자기 자신이 비유들로 창조하는 것을 자기의 신들로 여긴다(본문 44쪽 이하 참조). 그러나 인간은 또 다른 개념으로 더 밀고 나아가야 한다. 인간은 또한 신들의 상의 창조 이전에 활동하고 있는 자기 안의 신적인 힘을 신상들로 바꾸어야 한다. 인간에게 있는 근원적인 영혼의 힘인 신적인 것의 어머니가 신적인 것 배후에서 등장한다. 인간은 여신들을 남신들 옆에 내세운다. 여기에서 획득한 빛 속에서 디오니소스 신화를 살펴보자. 디오니소스는 제우스와 죽을 운명의 어머니 세멜레의 아들이다. 제우스는 번개에 맞아 죽은 어머니 세멜레에게서 미숙아인 태아를 빼내어 자기의 엉덩이에 넣고서 충분히 자라게 한다. 신들의 어머니 헤라는 거인 티탄들을 부추겨 디오니소스에 맞서게 한다. 티탄들은 그 사내아이를 잘게 *토막낸다*. 그러나 팔라스 아테네는 아직 뛰고 있는 심장을 구해내어 제우스에게 가져간다. 그러자 제우스는 아들을 재차 만들어낸다. 바로 이 신화에서는 인간의 영혼 가장 내부에서 일어나는 사건을 볼 수 있다. 솔론에게 신화의 본질에 관해 가르치는 이집트 사제의 의미에서 말하는 자라면 다음과 같이 말할 수 있을 것이다. "신과 죽을 운명의 어머니의 아들 디오니스소가 태어나 토막 나고 다시 한 번 태어났다고 그대들에게서 이야기되는 것이 우화처럼 들리기는 하겠지만, 그것에서 진리는 신적인 것의 탄생이고 인간 본연의 영혼에 있는 신적인 것의 운명이다." 신적인 것은 시간적-지상적 인간 영혼과 결합한다. 이 신적인 것, 즉 디오니소스적인 것이 그저 움직이자마자, 영혼은 디오니소스적인 것의 참된 정신적 형태에 대한 강렬한 열망을 느낀다. 다시 여성적인 신 헤라의 모습으로 나타나는 의식은 더 나은 의식으로부터의 탄생을 질투하게 된다. 그것은 인간의 저차원적 본성인 티탄 Titan들을 자극한다. 아직 미숙한 신의 자식은 토막 난다. 그리하여 그 아이는 인간 안에 토막 난 감각적-지적 지식으로 존재한다. 그러나 인간에게 고차적인 지혜(제우스)가 작용할 만큼 있다면, 이 지혜는 미숙한 아이를 품고 돌볼 것이고, 그러면 그 아이는 신의 둘째 아들(디오니소스)로 다시 태어나게 된다. 이렇게 지식, 즉 인간의 토막 난 신적인 힘에서 통일적인 지혜가 태어나는데, 이 지혜는 신과 죽을 운명의 어머니, 즉 무의식적으로 신적인 것을 추구하는 무상한 인간 영혼의 아들인 로고스이다. 전체적으로 영혼의 움직임만 보고 그것을 가령 그런 사건의 상으로 이해하는 한, 거기에서 진행되는 정신적인 현실로부터는 아주 동떨어지게 된다. 이 정신적 현실에서 영혼은 자기 안의 어떤 것을 체험하는 것만이 아니다. 영혼은 또한 자기에게서 완전히 벗어나, 진실로 전혀 자기 안에서가 아니라 밖에서 일어나는 세계 사건을 함께 체험한다.

13   플라톤의 지혜와 그리스 신화는 서로 결합한다. 신비의 지혜와 신화도 마찬가지다. 만들어진 신들은 토속종교의 대상이었다. 그 신들이 생겨나는 생성의 역사는 신비의 비밀이었다. 신비를 "누설하는" 것이 위험하다고 여겨지는 것은 놀라운 일이 아니다. 사람들은 이것과 함께 토속신들의 유래를 "누설한다". 그리고 이 유래에 관한 올바른 이해는 유익한 반면, 그것에 대한 오해는 해를 끼친다.

V.

신비의 지혜와 신화

1	신비가는 자기 안에서 힘들을 찾았다. 인간이 일상적인 인생관에 사로잡혀 있는 동안 몰랐던 실체들을 자기 안에서 찾아낸 것이다. 신비가는 물리적 자연을 넘어서는 자기 본연의 정신적 힘과 법칙에 관한 중요한 질문을 제기한다. 일상적인, 즉 감각적-논리적인 인생관을 지닌 인간은 신들을 만들어 내고, 자신이 만들어낸다는 것을 통찰하게 되면 그 신들을 부인한다. 신비가는 자신이 신들을 만든다는 것을 인식한다. 그는 자신이 *왜* 신들을 만드는지 인식한다. 말하자면 신비가는 신들을 만들어내는 자연법칙을 파악한 것이다. 그가 볼 때 이것은 식물이 갑자기 터득하게 되어 자기 본연의 성장, 즉 자기 본연의 발달의 법칙들을 알게 되는 것과 같다. 식물은 호의적인 무의식속에서 발달한다. 식물이 자기의 법칙을 안다면 자기 자신과 전혀 다른 관계를 맺어야 할 것이다. 서정시인이 식물을 노래할 때 느끼는 것, 식물학자가 식물의 법칙을 연구할 때 생각하는 것, 직관

력 있는 식물이라면 그것이 자기 자신에 대한 이상으로 떠오를 것이다. *자기의* 법칙, 즉 자기 안에서 작용하는 힘과 관련하여 볼 때 신비가의 입장이 이러하다. 신비가는 직관력 있는 자로서 자기 자신을 넘어 어떤 신적인 것을 창조해야 한다. 그리고 전수자들도 민족이 자연을 넘어 창조했던 것에 대해 이런 입장을 취했다. 그들은 민족의 신들과 신화들의 세계에 이와 같은 입장을 취했다. 그들은 이런 신들과 신화들의 세계의 법칙들을 인식하려 했다. 민족이 어떤 신들의 형상을 지닌 곳, 즉 어떤 신화를 가진 곳, 거기에서 그들은 고차적인 진리를 찾았다. 하나의 예를 살펴보자. 아테네 사람들은 크레타 왕 *미노스*로부터 8년마다 소년과 소녀를 각각 일곱 명씩 바치라고 강요받았다. 이 소년소녀들은 끔찍한 괴물인 미노타우루스 앞에 음식으로 던져졌다. 세 번째로 슬픈 공물이 크레타로 출발할 때 테세우스 왕자가 함께 했다. 테세우스가 크레타에 도착하자, 미노스 왕의 친딸 아리아드네가 그를 보살폈다. 미노타우루스는 들어간 사람 그 누구도 빠져나올 수 없는 미궁 라비린토스에 살고 있었다. 테세우스는 자신이 살던 도시를 치욕적인 공물로부터 벗어나게 할 작정이었다. 그는 평소에 괴물의 먹이가 던져지는 미궁 안으로 들어가야 했다. 그는 미노타우루스를 죽일 작정이었다. 그는 이 과제를 떠맡았다. 그는 그 무서운 적을 제압하고, 아리아드네가 건네준 실뭉치의 도움으로 다시 밖으로 나왔다. 신비가는 창조하는 인간 정신이 어떻게 그런 이야기를 만들게 되는지 분명히 알게 될 것이다. 식물학자가 그 법칙을 발견하기 위해 식물의 성장을 몰래 관찰하는 것처럼, 신비가는 창조하는 정신을 엿듣는 듯 알아내려 했다. 신비가는 민족이 신화를 정했던 곳에서 진리를, 즉 지혜의 내용을 찾았다. 고대 로마의 역사가 가이우스 살루스티우스Gaius Sallustius(B.C. 86~35?)는 그런 신화를 마주하는 신비적 현자의 입장을 이렇게 말한다.

"세계 전체가 물체와 사물은 눈에 띄게, 영혼들과 정신들은 안 보이게 포함하는 신화라고 말할 수 있을 것이다. 모두에게 신들에 관한 진리를 가르친다면, 무지한 자들이 그 진리를 이해하지 못하기 때문에 진리를 대수롭지 않게 생각하겠지만, 더 유능한 사람들은 진리를 가볍게 생각할 것이다. 그러나 진리를 신비적 외피 속에 넣는다면, 진리는 경시되지 않게 지켜지고 철학을 할 동기를 제공한다."

2 사람들은 신비가로서 신화의 진리 내용을 추구할 때 그들의 의식 속에 존재하는 것에 뭔가 덧붙여진다는 것을 알았다. 식물학자가 자신을 자라나는 식물보다 위에 두는 것처럼, 사람들은 자신들이 이 의식보다 위에 있음을 분명히 알았다. 사람들이 말하는 것은 신화적 의식 속에 존재하는 것과는 아주 달랐다. 그러나 사람들은 자신들이 말하는 것을 신화에서 상징적으로 표현되는 더 깊은 진리로 여겼다. 인간은 감성을 적대적인 괴물처럼 대한다. 인간은 감성에 자기 인격의 결실들을 제물로 바친다. 감성은 그 결실들을 집어삼킨다. 감성은 인간 안에서 극복자(테세우스)가 깨어날 때까지 그렇게 한다.

극복자의 인식은 인간이 적을 죽이기 위해 감성의 미궁으로 갈 때 다시 올바른 길을 찾아내게 하는 실을 잣는다. 인간의 인식 자체의 신비는 이처럼 감성의 극복에서 이야기된다. 신비가는 이런 신비를 알고 있다. 바로 그 신비를 통해 인간의 인격에 있는 힘이 암시되었다. 일상적 의식은 이런 힘을 알지 못한다. 그러나 그 힘은 일상적 의식 속에서 작용한다. 그 힘은 신비적 진리와 똑같은 구조를 갖는 신화를 만들어낸다. 이 진리는 신화에서 상징화된다. 그러니까 신화들에는 무엇이 들어있는가? 신화들에는 정신의 창조, 즉 무의식적으로 창조하는 영혼의 창조가 있다. 영혼은 아주 특정한 법칙을 지닌다. 영혼은 자신을 넘어서서 창조하기 위해 특정한 방향으로 작용해야 한다. 신화적 단계에서 영혼은 그것을 형상들로 행한다. 그러나 그 형상들은 영혼의 법칙에 따라 만들어졌다. 영혼이 신화적 의식의 단계를 넘어서서 더 깊은 진리들로 나아간다면, 이 진리들은 이전의 신화들과 똑같은 특징을 띨 것이라고도 말할 수 있을 것이다. 왜냐하면 동일한 힘이 그 진리들의 생성에 작용하기 때문이다. 신플라톤주의학파 철학자 플로티노스Plotinos(204~269)는 이집트의 사제직 현자들과 관련하여 비유적-신화적 표상 방식과 고차적 인식의 이와 같은 관계에 대해 이렇게 말한다.

3 "이집트 현자들은 자기들의 지혜를 전할 때, 엄격한 연구에 근거해서든 본능적으로든 자기들의 학설과 문장들을 표현하기 위해 문자를 목소리와 연설의 모방으로 사용하지 않는다. 그보다는 오히

려 형상들을 그리고, 각 사안이 지닌 사유의 내용을 형상들의 스케치로 사원들에 기록한다. 그래서 각각의 형상은 논쟁과 토론이 아닐지라도 지식 및 지혜의 내용, 즉 대상과 총체성이 된다. 그러면 내용이 형상으로부터 벗어나 발언하게 되며, 그것이 왜 꼭 그러해야 하는지 이유를 알게 된다."

4   신비주의와 신화적 이야기들의 관계를 알고자 한다면, 신비적 존재의 표상 방식을 통해 자신들의 지혜와 조화를 이룰 줄 아는 사람들의 세계관이 신화적인 것과 어떤 관계에 있는지 보아야 한다. 플라톤의 경우 그런 조화는 완벽했다. 그가 신화들을 해석하는 방식과 묘사할 때 신화들을 활용하는 방식이 결정적이라고 할 수 있다(본문 78쪽 이하 참조). 영혼에 관한 대화인 《파이드로스》에서는 보레아스Boreas의 신화가 인용된다. 윙윙 소리를 내며 오는 바람 속에서 보인 이 신적 존재는 언젠가 아테네의 왕 에렉테우스의 딸인 아름다운 오레이티아가 소꿉친구들과 꽃을 꺾는 것을 보았다. 보레아스는 오레이티아에게 홀딱 반해서 그녀를 납치하여 자기의 동굴로 데려갔다. 플라톤은 대화편에서 소크라테스로 하여금 이 신화에 대한 순전히 합리적인 설명을 거부하게 한다. 그것에 따르면 전적으로 외적인 자연적 사실이 이야기에서는 상징적으로 진술되어야 한다. 폭풍이 공주를 붙잡아 바위에서 아래로 내던졌어야 한다. 소크라테스는 이렇게 말한다.

"그런 해석들은 오늘날 아무리 인기 있고 통상적이라 하더라도 현학적인 궤변이다. … 왜냐하면 이 신화적 형태들 중 하나를 해체시킨 자는 결과적으로 나머지도 전부 다 똑같이 의심하면서 조명하고 당연히 설명할 줄 알아야 한다. … 그러나 그런 일을 끝낼 수 있을 때조차 그 일을 수행하는 사람의 입장에서 보면 그 일이 증명하는 것은 행복한 천재적 재능이 아니라 단지 기분 좋은 농담, 농부의 지혜, 우스운 성급함 등일 것이다. … 그런 까닭에 나는 그런 연구들을 진행시키고, 무엇이 일반적으로 중요하게 여겨지는지 생각한다. 방금 말했듯이 내가 연구하는 것은 그런 것이 아니라 나 자신이다. 즉 내가 또한 가령 키메라보다 모습이 더 다양하고 그래서 더 복잡하며 티폰Typhon보다 더 사나운 괴물은 아닌지, 또는 내가 과연 도덕적으로 올바른 신적 본성을 일부분 부여받은 더 길들여지고 더 단순한 존재를 나타내는지 등을 철저히 점검하는 것이다."

여기에서 플라톤이 동의하지 않는 것이 신화들에 대한 냉철하고 합리주의적인 해석임을 미루어 짐작할 수 있다. 이것은 플라톤 자신이 신화들을 활용하여 자기의 생각을 말하는 방식과 나란히 비교되어야 한다. 플라톤이 영혼의 삶에 대해 말하는 곳, 그가 무상한 것의 좁은 길을 떠나 영혼에서 영원한 것을 찾아내는 곳, 따라서 감각적 지각과 합리적 사유에 의존하는 표상들이 더 이상 존재하지 않는 곳, 그곳에서 플라톤은 신화를 이용한다. 《파이드로스》는 영혼의 영원한 것에 대해 말한다. 거기에서 영혼은 사방에 날개가 달린 말 두 필과 마차꾼이 있는 쌍두마차로 묘사된다. 말 한 필은 참을성이 있고 현명한 반면, 다른 말 한 필은 고집이 세고 사납다. 이 쌍두마차의 길에 장애물이 생기면, 고집 센 말은 이 상황을 이용하여 착한 말을 고의로 방해하고 마차꾼에게 반항한다. 쌍두마차가 하늘의 등에 올라탄 신들의 뒤를 따라갈 곳에 도달할 때, 악한 말은 쌍두마차를 혼란에 빠뜨린다. 착한 말이 악한 말을 제압하고 쌍두마차가 장애물을 넘어 초감각적인 것의 영역으로 갈 수 있는지는 악한 말이 지닌 위력에 달려 있다. 이와 같이 영혼은 결코 아무런 방해 없이 신적인 것의 영역으로 고양될 수 없게 된다. 어떤 영혼들은 드높여져 이렇게 영원을 보게 되는 반면, 또 어떤 영혼들은 그렇게 되지 못한다. 피안彼岸을 본 영혼은 다음의 이주까지는 그대로 무사하다. 사나운 말 때문에 아무것도 보지 못한 영혼은 새로운 이주와 함께 그것을 시도해야 한다. 이렇게 옮기는 이주들은 다양한 영혼의 육화를 뜻한다. 한 번의 이주는 한 인격에서 이루어지는 영혼의 삶을 의미한다. 사나운 말은 저차원적 본성을 나타내고, 현명한 말은 고차적인 본성을, 마차꾼은 신으로 올라가기를 열망하는 영혼을 나타낸다. 플라톤은 여러 가지 변화를 관통하는 영원한 영혼의 길을 묘사하기 위해 신화를 붙잡는다. 이와 똑같이 플라톤의 다른 글들에서는 인간의 내면, 즉 감각적으로 지각할 수 없는 것을 설명하기 위해 신화, 즉 상징적인 이야기를 붙잡는다.

5   플라톤은 다른 사람들의 신화적 및 비유적 표현방식과 완전히 일치한다. 고대 인도의 문헌에는 붓다가 말한 것으로 여겨지는 비유가 나온다. 목숨에 집착하며 결코 죽지 않으려 하고 감각적 향락을 찾는 어떤 남자가 뱀 네 마리에게 쫓긴다. 그는 뱀 네 마리에게 때때로 먹이를 주고 목욕시키라고 명령하는 목소리를 듣는다. 그 남자는 악한 뱀들에 대한 두려움 때문에 달아나버렸다. 그는 목소리를 다시 듣는다. 그 목소리는 그에게 뒤에 있는 다섯 명의 살인자에 대한 주의를 환기시킨다. 그 남자는 재차 달아난다. 어떤 목소리가 칼을 빼 들고 그의 목을 치려는 여섯 번째 살인자를 주의시킨다. 그 남자는 다시 도망친다. 그는 인적 없는 마을로 간다. 그는 머지않아 도둑들이 마을을 약탈할 거라고 말하는 목소리를 듣는다. 그 남자는 다시 달아나다가 큰 홍수를 만난다. 그는 이쪽의 강가에 있는 게 안전하지 않다고 느낀다. 그는 지푸라기, 나무, 잎 등으로 광주리를 만들고, 그것을 타고 다른 쪽 강가로 간다. 이제 그는 안전하다. 그는 브라만이다. 이 비유 이야기는 인간이 신적인 것에 이를 때까지 여러 가지 상태를 거쳐야 한다는 것을 의미한다. 네 마리 뱀에게서 볼 수 있는 것은 불, 물, 흙, 공기의 4원소이다. 다섯 명의 살인자는 오감五感을 나타낸다고 볼 수 있다. 인적 없는 마을은 감각들의 인상들로부터 달아났지만 자기 혼자 있을 때에도 안전하지 않은 영혼이다. 내면에서 저 차원적 본성만 붙든다면 영혼은 죽을 수밖에 없다. 인간은 자신을 무상성의 홍수를 넘어 감각적 본성인 이쪽 물가로부터 영원히 신적인 본성인 저쪽 물가로 실어 나를 나룻배를 조립해야 한다.

6   이집트의 오시리스Osiris신비를 이와 같이 조명해보자. 오시리스는 점차 이집트의 가장 중요한 신들 중 하나가 되었다. 그에 대한 표상은 어떤 민족 일부에게 존재하는 신 관념들을 밀어냈다. 이제 오시리스와 그의 아내 이시스Isis 주위에 의미 있는 신화권이 형성되었다. 오시리스는 태양신의 아들이었고, 그의 형제는 티폰-세트Typhon-Set였고, 여동생은 이시스였다. 오시리스는 여동생과 결혼했다. 그는 이시스와 함께 이집트를 다스렸다. 그의 심술궂은 형제 티폰은 오시리스를 없애기로 마음먹었다. 티폰은 정확히 오시리스의 몸 크기만 한 상자를 제작하게 했다. 어느 잔치에서 그 상자는 몸에 딱 맞는 사람에게 선물로 제공되었다. 그것은 오시리스를 제외한 그 누구의 몸에도 맞지 않았다. 오시리스가 상자 안에 누웠다. 그때 티폰과 그의 동료들이 오시리스에게 덤벼들어 상자를 닫고 강물에 던졌다. 이시스는 이 끔찍한 일을 듣고서 남편의 시체를 찾으려고 죽을힘을 다해 사방을 돌아다녔다. 그녀가 남편의 시체를 발견했지만 티폰이 그 시체를 다시 손에 넣었다. 그는 그 시신을 열네 토막으로 잘라 여러 지역에 흩어 놓았다. 오시리스 무덤 여러 개가 이집트에 생겨났다. 신의 몸 부분들이 여기저기 여러 곳에 매장되었을 것이다. 그러나 오시리스 스스로 저승에서 나와 티폰을 무찔렀다. 그리고 오시리스에게서 나오는 한 줄기 빛이 이시스를 비추었고, 이로써 그녀는 아들 하르포크라테스Harpokrates 또는 호루스Horus를 낳았다.

7   이제 그리스 철학자 엠페도클레스Empedocles(B.C. 490~430)

의 세계관을 이 신화와 비교해보자. 엠페도클레스는 하나의 근원적 존재가 일찍이 불, 물, 흙, 공기 등 네 원소로 또는 다수의 존재자로 갈라졌다고 생각한다. 그는 존재자의 이 세계 내에서 생성과 소멸을 초래하는 두 개의 힘, 즉 사랑과 불화를 서로 대립시킨다. 이 원소들에 대해 엠페도클레스는 이렇게 말한다.

"그것들은 원래대로 있지만, 서로 뒤섞이면서
인간들이 되고 모두 다른 무수한 존재들이 된다.
지금 *사랑* 안에서 원초적인 힘이 하나의 *형상*으로 모이고,
지금 *미움*과 *불화*를 통해 각각의 것으로 다시 흩어진다."

8 그러니까 엠페도클레스의 입장에서 볼 때 세계의 사물들은 무엇인가? 그것은 혼합된 상이한 원소들이다. 사물들은 단지 근원적 일자一者가 네 개의 실체로 찢어짐으로써 생겨날 수 있었다. 그러니까 이 근원적 일자가 세계의 원소들에 쏟아 부어진 것이다. 어떤 사물이 우리에게 다가선다면, 그 사물은 쏟아 부어진 신성의 일부에 관여하고 있는 것이다. 그러나 이 신성은 사물 안에 감춰져 있다. 신성은 사물이 생겨날 수 있도록 우선 죽어야 했다. 그러면 이 사물들, 그것들은 무엇인가? 그 구조에서 사랑과 미움에 의해 야기된 신의 구성요소들의 혼합물이다. 엠페도클레스는 이것에 대해 분명히 말한다.

"사랑을 통해 이제 물질들이 전부 하나로 결합되는 것처럼

여기에서는 명백히 증명하기 위해 인간의 사지로 된 구조를,
대단히 많은 것을 몸은 현존의 꽃 속에 지니고 있다.
그 다음에는 파멸의 근원이 되는 다툼과 불화로 갈기갈기 찢
겨, 물질들은 삶의 가장자리에서 다시 각각 헤맨다.
덤불들과 물에 사는 물고기들의 경우가 그렇고,
산의 들짐승과 풍신기가 달린 작은 배도 마찬가지다."

9   현자가 세상에서 마법에 걸린, 즉 사랑과 미움에 얽힌 신적인 근원적 통일성을 다시 발견한다는 것은 엠페도클레스의 견해에 불과할 수 있다. 그러나 인간이 신적인 것을 발견할 때 인간은 스스로 신적인 것이 되어야 한다. 왜냐하면 엠페도클레스는 동일한 것은 오직 동일한 것을 통해서만 인식된다는 관점에 서 있기 때문이다. 다음과 같은 괴테의 격언은 엠페도클레스의 인식의 확신을 표현한다.

"눈이 태양 같지 않다면
우리가 어떻게 빛을 볼 수 있겠는가?
신의 영원한 힘이 우리 안에 살지 않는다면
신적인 것이 어떻게 우리를 황홀하게 할 수 있겠는가?"

10   신비가는 감각의 경험을 넘어서는 세상과 인간들에 관한 이런 생각들을 오시리스 신화에서 찾을 수 있었다. 신적 창조력이 세상에 흘러들었다. 신적 창조력은 네 가지 원소로 나타난다. 신(오시

리스)은 살해되었다. 신적 성질의 인식을 지닌 인간이 신을 다시 깨운다고 한다. 인간은 불화(티폰)와 사랑(이시스) 사이의 대립 속에서 신을 호루스(신의 아들, 로고스, 지혜)로 다시 찾을 것이다. 엠페도클레스는 신화를 연상시키는 표상들을 지닌 기본 신념을 그리스 형식으로 이야기한다. 아프로디테는 사랑이고, 나이코스는 불화이다. 이것들이 원소들을 연결하고 푼다.

11   여기에서 관찰되는 양식으로 신화의 내용을 묘사하는 표현은 신화들을 단순히 상징적으로 또는 더군다나 비유적으로 해석하는 설명과 혼동되어서는 안 된다. 여기에서 말하는 것은 그런 설명이 아니다. 신화의 내용을 형성하는 형상들은 추상적 진리들에 대한 근거 없는 상징들이 아니라, 전수자의 실제적인 영적 체험들이다. 평범한 인간이 감각적 사물들에 대한 표상들을 눈과 귀로 체험하는 것처럼, 전수자는 형상들을 정신적 지각기관들로 체험한다. 그러나 어떤 표상이 외적 대상을 통한 지각으로 야기되지 않는다면 그 자체로는 어떤 것이 아닌 것처럼, 신화적 형상은 정신 세계의 실제 사실들에 의한 자극이 없는 어떤 것이 아니다. 다만 감각계와 관련하여 인간은 처음에는 자극하는 사물들 밖에 있을 뿐이다. 반면에 인간은 상응하는 정신적 사건 내에 있을 때 신화 형상을 체험할 수 있을 뿐이다. 그러나 옛 신비가의 견해에 따르면, 인간은 내부에 있기 위해 전수를 통과했어야 한다. 그러면 인간이 들여다보는 정신적 사건들은 신화 형상을 통해 이를테면 설명이 된 셈이다. 신화적인 것을 진정한

정신적 사건들에 대한 이런 예증이라고 여길 수 없는 자는 아직 이해에 도달하지 못한 것이다. 왜냐하면 정신적 사건들 자체가 *초감각적*이기 때문이다. 그리고 내용으로 감각계를 연상시키는 형상들은 그 자체로 정신적이지 않고, 다만 정신적인 것의 설명에 불과하다. 단순히 형상들 안에서 사는 자는 꿈을 꾼다. 장미의 표상을 통해 감각계에서 장미를 느끼는 것처럼 형상에서 정신적인 것을 느끼는 데까지 나아간 사람은 비로소 정신적 지각 속에서 산다. 신화의 형상들이 명백할 수 없는 이유도 여기에 있다. 동일한 신화들이 예중이라는 특성 때문에 서로 다른 정신적 사실들을 표현할 수 있다. 따라서 신화 주석자들이 하나의 신화를 때로는 이런 정신적 사실에, 또 때로는 저런 정신적 사실에 연관 짓는다 해도 모순되는 일은 아니다.

12   이런 관점에서 다양한 그리스 신화들을 관통하는 실 한 가닥을 찾을 수 있다. 헤라클레스 전설을 살펴보자. 헤라클레스에게 부과되는 열두 가지 일은, 그가 가장 어려운 마지막 과제를 수행하기 전에 엘레우시스 신비(그리스 도시 엘레우시스에 있는 데메테르 신전에서 거행되는 비밀 종교의식-옮긴이)를 전수받는다는 점을 고려할 때 고차적으로 조명된다. 그는 미케네 왕 에우리스테우스의 위임을 받아 지옥을 지키는 개 케르베로스를 저승에서 데리고 나왔다가 다시 데려다 놓아야 한다. 저승으로 심부름을 가기 위해서는 헤라클레스가 전수받아야 한다. 신비는 인간을 무상한 것의 죽음을 지나, 그러니까 저승으로 데려갔다. 그리고 신비는 전수를 통해 인간의 영원

한 것을 파멸로부터 구하려 했다. 인간은 신비가로서 죽음을 극복할 수 있었다. 헤라클레스는 신비가로서 저승의 위험들을 제압한다. 이것은 또한 그의 다른 행위들도 영혼의 내적 발전 단계로 해석할 수 있게 해준다. 그는 네메아의 사자를 제압하고 그 사자를 미케네로 데려간다. 즉 그는 인간이 지닌 순전히 육체적인 힘의 지배자가 된다. 그가 이 힘을 제어한다. 그는 또한 아홉 개의 머리를 가진 괴물 뱀 히드라를 죽인다. 그는 히드라를 불길로 제압하고 히드라의 쓸개에 화살들을 적신다. 그러자 화살들은 치명적이게 된다. 즉 그는 감각의 지식인 저차원적 과학을 정신의 불을 통해 극복하고, 이 저차원적 지식에서 획득한 것으로부터 힘을 끌어내어 저차원적인 것을 정신적인 눈에 적합한 빛 속에서 본다. 헤라클레스는 아르테미스의 암사슴을 잡는다. 아르테미스는 사냥의 여신이다. 인간 영혼의 자유로운 본성이 제공할 수 있는 것을 헤라클레스는 사냥하여 잡는다. 다른 과제들도 이와 마찬가지로 해석될 수 있다. 각각의 출정을 여기에서 일일이 살펴볼 수는 없다. 다만 그 의미가 일반적으로 내적인 발전을 어떻게 암시하는지에 대해서만 묘사할 것이다.

13   아르고호(그리스의 영웅들이 타고 원정을 떠났던 배-옮긴이) 원정에 대해서도 이와 비슷한 해석이 가능하다. 보이오티아 왕의 자식들인 프릭소스와 쌍둥이 누이 헬레는 계모에게 많이 시달렸다. 신들은 이 남매에게 황금빛 털(양모피)을 지닌 숫양을 보냈고, 그 숫양이 그들을 태우고 하늘로 날아올라 가버렸다. 그들이 유럽과 아

시아 사이의 해협 위에 이르렀을 때, 헬레가 바다에 빠져 죽었다. 그래서 이 해협은 헬레스폰트Hellespont라 불린다. 프릭소스는 흑해 동쪽 끝 콜키스의 왕이 있는 곳에 도착했다. 그는 신들에게 숫양을 제물로 바치고, 아이에테스 왕에게 양모피를 선물했다. 아이에테스 왕은 양모피를 숲에 걸어 놓고 무서운 용에게 지키게 했다. 그리스 영웅 이아손은 헤라클레스, 테세우스, 오르페우스 등 다른 영웅들을 모아 콜키스에서 양모피를 가져오려는 모험을 감행했다. 아이에테스의 보물을 얻기 위해 그에게는 힘든 과제들이 부여되었다. 그러나 왕의 딸로 마법의 능력이 있는 메데이아가 이아손을 도와주었다. 그는 불을 내뿜는 황소 두 마리를 제어하고 밭을 갈고 용의 이빨을 그 밭에 뿌렸는데, 갑옷 입은 남자들이 땅에서 나왔다. 메데이아의 충고대로 그가 돌을 남자들에게 던지자 남자들이 서로 죽였다. 메데이아의 마법을 통해 이아손은 용을 잠들게 한 다음 양모피를 얻을 수 있다. 그는 이 양모피를 가지고 그리스를 향해 귀향길에 오른다. 메데이아가 아내로서 그를 동행한다. 아이에테스 왕은 달아나는 그들을 급히 뒤쫓는다. 메데이아는 아버지를 멈추게 하기 위해 동생 압시르토스를 죽이고 사지를 하나씩 바다에 던져 흩어 놓는다. 아이에테스는 압시르토스의 사지를 모으느라 멈추게 된다. 이렇게 두 사람은 이아손의 양모피를 가지고 고향에 도착할 수 있었다. 각각의 사실은 보다 깊은 의미의 설명을 요구한다. 양모피는 인간에게 속하며 인간에게 무한히 가치가 큰 어떤 것이다. 그것은 아주 먼 옛날에 인간과 분리되었고, 그것의 재획득은 무서운 힘의 극복과 결부된다. 인간 영혼에서 영원한 것의 상태는 이와 같다. 영원한 것은 인간에게 속한다. 그러나 인간은 자신이 영원한 것과 분리되어 있다고 느낀다. 인간의 저차원적 본성이 인간을 영원한 것으로부터 분리시킨다. 인간은 이 본성을 제압하고 잠들게 할 때에만 그것을 다시 획득할 수 있다. 그것은 본연의 의식(메데이아)이 마력을 가지고 인간을 도와주려고 올 때 가능하다. 이아손에게 있어서 메데이아는 소크라테스에게 있어서 디오티마가 사랑의 스승이 된 것(본문 91쪽 참조)과 같다. 인간 고유의 지혜는 마력이 있어서 무상한 것을 극복한 후 신적인 것을 얻을 수 있다. 저차원적인 본성에서는 인간의 저차원적인 것만 생겨날 수 있을 뿐인데, 그것은 정신적인 것의 힘, 즉 메데이아의 충고를 통해서만 극복되는 갑옷 입은 남자들이다. 인간은 자기의 영원한 것, 즉 양모피를 이미 발견했다 하더라도 아직은 안전하지 않다. 인간은 자기의 의식 일부분(압시르토스)을 제물로 바쳐야 한다. 이것은 우리가 단지 다양한 (잘게 조각난) 것으로만 파악할 수 있는 감각계를 요구한다. 이 모든 것을 위해 형상들 배후에 있는 정신적 사건들의 묘사 속으로 더 깊이 들어가 볼 수 있을 것이다. 그러나 여기에서는 신화 형성의 원리만 암시될 것이다.

14 이런 해석의 의미에서 볼 때 프로메테우스 전설은 특별히 흥미롭다. 프로메테우스와 에피메테우스는 티탄족 이아페토스의 아들들이다. 티탄족은 우라노스(하늘)와 가이아(땅)의 가장 오래된 신들 세대의 자식들이다. 티탄족의 막내인 크로노스는 아버지를 왕좌

에서 내치고 세계 지배권을 낚아챘다. 그 대가로 그는 나머지 티탄족들과 함께 아들 제우스에게 제압당했다. 그리고 제우스는 신들 중 최고신이 되었다. 프로메테우스는 티탄족 싸움에서 제우스의 편에 섰다. 제우스는 프로메테우스의 충고대로 티탄족을 저승으로 추방했다. 그런데 프로메테우스 안에는 티탄족의 근성이 잔존했다. 그는 제우스에게 절반만 친구였다. 제우스가 인간들이 오만하다는 이유로 인간들을 해치려 하자, 프로메테우스는 인간들을 걱정하며 그들에게 숫자와 문자, 그리고 문화로 이어지는 다른 것, 특히 불의 사용을 가르쳤다. 그것 때문에 제우스는 프로메테우스에게 화냈다. 제우스의 아들 헤파이스토스는 대단히 아름다운 여인상을 만들어야 했는데, 신들은 할 수 있는 온갖 선물로 그 여인상을 장식했다. 그 여자는 판도라, 즉 온갖 재능이 있는 여자라고 불렀다. 신의 사절 헤르메스는 판도라를 프로메테우스의 동생인 에피메테우스에게 데려갔다. 그녀는 에피메테우스에게 작은 상자 하나를 신들의 선물로 가지고 갔다. 에피메테우스는 프로메테우스가 신들의 선물을 절대로 받지 말라고 충고했음에도 그 선물을 받았다. 그 작은 상자가 열리자 인간에게 있을 수 있는 온갖 근심거리가 날아서 나왔다. 그 안에 남은 것은 오직 희망뿐이었는데, 그것도 판도라가 뚜껑을 얼른 덮었기 때문이다. 그러니까 희망은 미심쩍은 신들의 선물로 남은 것이다. 프로메테우스는 인간들과의 관계 때문에 제우스의 명에 따라 코카서스의 바위에서 담금질 당했다. 독수리가 계속 그의 간을 쪼아 먹지만, 그 간은 매번 다시 회복된다. 가장 고통스러운 외로움 속에서 프로메테우스는 일생을 보내야 하는데, 마침내 신들 중 하나가 자진해서 목숨을 바친다. 즉 죽음에 자신을 바치는 것이다. 고통 받는 자 프로메테우스는 의연하게 참는 인내자로서 자기의 불행을 견딘다. 그는 제우스가 죽을 운명의 여자와 결혼하지 않으면 그 여자의 아들에 의해 왕좌에서 밀려나게 되리라는 것을 알게 되었다. 이 비밀을 아는 것은 제우스에게 중요했다. 제우스는 신들의 전령 헤르메스를 프로메테우스에게 보내 그것에 관해 좀 알아보게 했다. 프로메테우스는 모든 정보 제공을 거부했다. 헤라클레스 전설은 프로메테우스 전설과 연결되어 있다. 헤라클레스는 여행 중에 코카서스에도 가게 된다. 그는 프로메테우스의 간을 쪼아 먹는 독수리를 죽였다. 낫지 않는 상처로 고생하면서도 죽을 수는 없는 켄타우로스 키론은 프로메테우스를 위해 목숨을 바친다. 그런 다음에 프로메테우스는 신들과 화해한다. 티탄족은 자연(크로노스)으로서 본래의 세계 정신(우라노스)에서 생겨나는 의지의 힘이다. 여기에서는 단순히 추상적 형태의 의지력이 아니라 실제적인 의지의 존재들을 생각해야 한다. 프로메테우스는 그 의지의 존재들에 속한다. 이것으로 그의 존재가 특징지어졌다. 그러나 프로메테우스는 완전히 티탄족은 아니다. 제어되지 않는 자연력(크로노스)이 제어된 후, 그는 어느 의미에서는 세계 지배를 다지는 정신인 제우스와 함께 자기 존재를 지탱한다. 그러니까 프로메테우스는 인간에게 반은 자연력이고 반은 정신력인 앞으로 밀고 나가는 것, 즉 의지를 준 저 세계들의 대변자이다. 의지는 한편으로는 선을 향해 가도록, 다른 한편으로는 악을 향해 가도록 가리킨다. 의지가 정신적인 것 쪽으로 기우는가 아니면 무상한 것 쪽으로 기우는가에 따라 그 운명이 형성된다. 이 운명은 인간 자신의 운명이다. 인간은 무상한 것에 단련된다. 독수리가 그를 쪼아 먹는다. 인간은 참고 견뎌야 한다. 인간은 외로운 고독 속에서 자기의 운명을 찾을 때에만 최고의 것에 도달할 수 있다. 인간은 비밀을 갖고 있다. 그 비밀은 신적인 것(제우스)이 죽을 운명의 인간, 즉 육체적인 몸에 매인 인간의 의식과 결혼하여 아들, 즉 신을 구해내는 인간의 지혜(로고스)를 낳아야 한다는 데 있다. 이를 통해 의식은 불멸이 된다. 인간은 신비가(헤라클레스)가 다가와서 인간을 계속 죽음으로 위협하는 힘을 없앨 때까지 그 비밀을 누설해서는 안 된다. 반은 짐승이고 반은 인간인 존재 켄타우로스는 인간을 구하기 위해 목숨을 바쳐야 한다. 켄타우로스는 인간 자신, 즉 반은 동물적이고 반은 정신적인 인간이다. 그는 순전히 정신적인 인간이 구제되도록 죽어야 한다. 인간의 의지인 프로메테우스가 경멸하는 것을 지성, 즉 영리함의 상징인 에피메테우스가 취한다. 그러나 에피메테우스에게 제공되는 선물들은 괴로움과 근심거리뿐이다. 왜냐하면 지성은 공허한 것, 즉 무상한 것에 달라붙기 때문이다. 그리고 단 한 가지만 남는데, 무상한 것에서도 언젠가 영원한 것이 태어날 것이라는 희망이다.

15   아르고 원정대 전설, 헤라클레스 전설, 프로메테우스 전설 등을 두루 관통하는 실마리는 호메로스의 오디세우스 문학에서도 고스란히 입증된다. 여기에서는 부득이 해석 방법의 적용을 확인할 수

있다. 그런데 고려되는 모든 것을 더 자세히 헤아려볼 때, 그런 해석들을 아무리 심하게 의심하는 사람일자라도 온갖 의구심은 사라질 수밖에 없다. 무엇보다도 오디세우스도 저승에 내려갔다고 이야기된다는 사실은 놀라울 수밖에 없다. 게다가 《오디세이아》의 시인에 관해서는 마음대로 생각해도 된다. 그 시인이 죽을 운명의 인간을 저승으로 내려가게 하면서도 인간을 그리스 세계관 내에서 저승으로 가는 일의 의미와 연관시키지 않는다고 탓할 수는 없다. 그런데 이 시인이 의미했던 것은 무상한 것의 극복과 영혼에서 영원한 것의 소생이었다. 그러니까 오디세우스가 그런 것을 성취했다는 것은 인정받아 마땅하다. 그리고 이와 함께 그의 체험들은 헤라클레스의 체험들과 마찬가지로 보다 깊은 의미를 획득한다. 그 체험들은 비감각적인 것, 즉 영혼의 발전과정에 대한 묘사가 된다. 또한 《오디세이아》에서는 외적인 사실의 진행이 요구하는 바대로 이야기되지 않는다. 주인공은 기적의 배를 타고 여행을 한다. 지리상의 실제적 거리가 대중없이 다루어진다. 감각적-현실적인 것은 전혀 문제가 되지 않는다. 감각적-현실적 사건들이 오직 어떤 정신의 발전을 설명하기 위해서만 이야기된다면 그것은 납득이 갈 것이다. 게다가 시인 스스로 작품의 서두에서 영혼에 대한 탐구가 중요하다고 말한다.

"뮤즈여, 말해 주소서,
신성한 트로이를 파괴한 후 자주 두루 방황하고 많이 떠돌아다닌 남자에 대하여.

많은 인간들의 도시들을 보고 풍속을 익히고
또한 원망스런 고통의 바다 속에서 너무 많이 참고 견디면서
자기 영혼과 친구들의 귀환을 위해서도 애쓴 그 남자에 대하여."

16 　　영혼, 즉 신적인 것을 추구하는 남자가 눈앞에 있다. 그리고 이 신적인 것을 찾기 위한 방황이 이야기된다. 그 남자는 키클롭스들의 나라에 간다. 그들은 이마에 눈이 하나 달린 흉한 거인들이다. 가장 끔찍한 폴레페모스는 오디세우스와 함께 하는 여러 명의 동행자들을 꿀꺽 삼킨다. 오디세우스는 키클롭스들을 눈멀게 하면서 탈출한다. 이것은 삶의 순례 여정에서 첫 단계와 관련이 있다. 물리적인 힘, 즉 저차원적인 자연은 극복되어야 한다. 그 자연에게서 힘을 빼앗지 못하고 그 자연을 눈멀게 하지 못하는 사람은 그것에 잡아먹힐 수 있다. 그 다음에 오디세우스는 마녀 키르케의 섬에 도착한다. 그녀는 오디세우스의 동행자 몇 명을 꿀꿀거리는 돼지로 변모시킨다. 그녀 또한 오디세우스에게 제압된다. 키르케는 무상한 것에 매달리는 저급한 정신력이다. 그녀는 악습을 통해 인간을 단지 동물성으로 더 깊이 내려보낼 수 있을 뿐이다. 오디세우스는 그녀를 제압해야 한다. 그래야 그는 저승으로 내려갈 수 있다. 그는 신비가가 된다. 이제 그는 신비가가 전수의 저급한 수준에서 고차적인 수준으로 상승할 때 처하게 되는 위험들에 방치되어 있다. 그는 달콤한 마법의 소리를 내어 지나가는 사람들을 죽음으로 유인하는 세이렌들이 있는 곳에 이른다. 세이렌은 감각적인 것에서 벗어난 사람이 처음에 좇는

저급한 환상의 상들이다. 그는 자유롭게 창조하는 정신으로까지 나아갔지만, 전수 받는 정신에는 이르지 못했다. 그는 환영들을 좇는데, 그 힘에서 벗어나야 한다. 오디세우스는 바다 괴물 스킬라와 카리브디스 사이를 지나가야 한다. 이 초보 신비가는 정신과 감성 사이에서 이리저리 흔들린다. 그는 아직 정신의 온전한 가치를 이해하지 못한다. 그런데 감성 또한 예전의 가치를 잃었다. 난파로 오디세우스와 동행한 모든 사람이 목숨을 잃는다. 오디세우스 혼자만 구조되어 바다의 님프 칼립소에게 가고, 그녀가 그를 친절하게 받아들여 7년간 돌본다. 마침내 그녀는 제우스의 명에 따라 오디세우스를 고향으로 떠나보낸다. 신비가가 도달한 단계에서는 합당한 자인 오디세우스만 제외하고, 그 여정을 함께 한 모든 사람이 실패한다. 그런데 이 합당한 자는 신비적-상징적인 수 7로 정해지는 시간 동안 서서히 이루어지는 전수의 고요를 즐긴다. 오디세우스는 아직 고향에 이르기 전에 파이아케스 부족의 섬에 도달한다. 이 섬에서 그는 환대를 받는다. 왕의 딸은 그에게 연민을 보인다. 그리고 왕 알키오노스가 직접 그를 대접하고 그에게 경의를 표한다. 세상이 다시 한 번 오디세우스를 반기며 그에게 다가간다. 그리고 세상에 매달려 있는 정신(나우시카, 배가 난파하여 오디세우스가 스케리아 섬으로 표류해 왔을 때 그를 정성껏 보살펴주는 파이아케스 족의 공주-옮긴이)이 그에게서 눈뜬다. 그러나 그는 고향을 향하는, 즉 신적인 것을 향하는 가는 길을 찾는다. 처음에 그의 집에서는 어떤 좋은 일도 그를 기다리지 않는다. 그의 아내 페넬로페는 수많은 구혼자 무리에 둘러싸여 있다.

그녀는 구혼자마다 어떤 특정한 천을 다 짜면 결혼하겠다고 약속한다. 그녀는 낮에 짰던 것을 밤이면 다시 풂으로써 약속의 이행을 피한다. 오디세우스가 다시 평화롭게 아내와 하나가 될 수 있으려면 구혼자들을 제압해야 한다. 아테네 여신은 오디세우스가 등장할 때 사람들이 처음에 알아보지 못하도록 그를 거지로 변모시킨다. 그렇게 하여 그는 구혼자들을 제압한다. 오디세우스는 본연의 더 깊은 의식, 즉 영혼의 신적인 힘을 찾는다. 그는 신적인 힘과 하나가 되려고 한다. 이 신비가는 신적인 힘을 발견하기 전에, 구혼자처럼 이런 의식의 은혜를 얻으려고 애쓰는 모든 것을 극복해야 한다. 그것은 저급한 현실의 세계, 즉 이 구혼자 무리가 유래하는 무상한 자연이다. 그 자연에 의지하는 논리는 다 짤 때마다 다시 풀리는 천이다. 지혜(아테네 여신)는 가장 깊은 정신력을 향해 이끄는 안전한 안내자이다. 지혜는 인간을 거지로 변모시킨다. 즉 지혜는 무상성에서 유래하는 것 전부를 인간에게서 벗겨낸다.

17   그리스에서 데메테르와 디오니소스를 기념하여 축하했던 엘레우시스 제전들은 신비의 지혜에 완전히 잠긴 모습으로 나타난다. 신성한 길 하나가 아테네에서 엘레우시스로 이어졌다. 그 길은 영혼을 어떤 숭고한 분위기 속에 데려다놓을 수 있는 신비로운 징후들로 채워졌다. 엘레우시스에는 사제 가문들이 직무를 행한 신비로운 성소들이 있었다. 위엄과 이것과 결부된 지혜는 사제 가문들에서 대대로 전해졌다. (이 성소들의 시설에 대해서는 카를 뵈티허Karl

Bötticher의 《아테네의 아크로폴리스에 대한 마지막 조사들의 보완Ergänzungen zu den letzten Untersuchungen auf der Akropolis in Athen, Philologus Suppl》3권, 3책에 나오는 교훈적인 설명 참조.) 여기에서 직무를 행할 자격을 주는 지혜는 그리스의 신비의 지혜였다. 일 년에 두 번 기념하는 제전은 세상에서 신적인 것의 운명과 인간 영혼의 운명에 대한 위대한 세계 드라마를 제공했다. 작은 신비들에 대해서는 2월에, 큰 신비들에 대해서는 9월에 축제가 거행되었다. 전수는 제전들과 결부되었다. 세계와 인간의 드라마에 대한 상징적 묘사는 여기에서 행해진 신비가 축성의 대미를 형성했다. 데메테르 여신을 기념하여 엘레우시스 성소들이 건립되었다. 데메테르 여신은 크로노스의 딸이다. 그녀는 제우스가 헤라와 결혼하기 전에 딸 페르세포네를 낳았다. 페르세포네는 언젠가 놀다가 하계의 신 플루토에게 납치당했다. 데메테르는 딸을 찾으려고 넓은 땅을 통곡하며 급히 지나다녔다. 엘레우시스에서 그녀는 어느 돌에 앉은 채 엘레우시스의 군주 켈레오스의 딸들에게 발견되었다. 데메테르는 노파의 모습으로 켈레오스의 집에서 왕자를 돌보는 일을 하게 되었다. 그녀는 이 왕자에게 불멸의 영생을 주려 했다. 그래서 그녀는 매일 밤 왕자를 불 속에 숨겼다. 왕자의 어머니가 그것을 알고는 울고 통곡했다. 불멸의 부여는 그때부터 불가능했다. 데메테르는 그 집을 떠났다. 켈레오스가 신전 하나를 지었다. 페르세포네에 대한 데메테르의 비통한 슬픔은 한없이 컸다. 데메테르는 땅에서 어떤 열매도 맺지 못하게 했다. 수확할 수 있는 것이 없게 되자 신들은 데메테르를 화해시켜야 했다. 그때 제우스는 플

라톤이 페르세포네를 다시 지상으로 내보내도록 유도했다. 그런데 그 전에 하계의 신은 그녀에게 석류를 하나 먹게 했다. 이로 인해 페르세포네는 주기적으로 다시 하계로 내려가지 않을 수 없었다. 그녀는 그때부터 한 해의 삼분의 일을 하계에서 보내고, 삼분의 이는 지상에서 보냈다. 데메테르는 화해했고, 올림포스산으로 돌아갔다. 그러나 그녀는 자신에게 두려움의 장소가 되는 엘레우시스에서 제전을 만들었는데, 그때부터 그 제전은 항상 그녀의 운명을 생각나게 했다.

데메테르-페르세포네 신화의 의미는 어렵지 않게 알아볼 수 있다. 하계와 지상에 교대로 있는 것은 영혼이다. 영혼의 영원성, 그리고 탄생과 죽음을 관통하는 영혼의 영원한 변화가 비유로 서술된다. 불멸의 존재 데메테르에게서 영혼이 유래한다. 그러나 영혼은 무상한 것에 납치되고, 심지어 무상성의 운명에 관여하도록 정해졌다. 영혼은 하계에서 열매의 맛을 즐겼다. 인간의 영혼은 무상성에 배가 불렀다. 그래서 계속해서 신적인 것의 높이에서 살 수가 없다. 영혼은 매번 다시 무상성의 나라로 돌아가야 한다. 데메테르는 인간의 의식이 발원한 저 존재의 대변자이다. 그러나 여기에서 이 의식은 지상의 정신력들을 통해 생겨날 수 있었던 것처럼 생각될 수밖에 없다. 그러니까 데메테르는 땅의 근원적 실체이다. 그리고 데메테르를 통해 작물들이 씨의 힘을 갖는 대지의 재능은 그 실재의 보다 깊은 측면만 가리킬 뿐이다. 데메테르는 밤마다 자신이 돌보는 왕자를 불 속에 감춘다. 그러나 인간은 불(정신)의 순수한 힘을 견딜 수 없다. 데메테르는 그것을 그만두어야 한다. 그녀는 인간이 할 수 있는 한 신적인 것에 관여할 수 있는 신전 봉사만 할 수 있다.

엘레우시스 제전은 인간 영혼의 영원성에 대한 믿음을 큰소리로 말하는 고백이었다. 이 고백은 페르세포네 신화에서 비유적 표현을 발견했다. 엘레우시스 제전에서는 데메테르와 페르세포네와 함께 디오니소스를 기념했다. 데메테르에게서 인간의 영원한 것을 만든 신적인 창조자를 숭배한 것처럼, 디오니소스에게서는 온 세상에서 영원히 변화하는 신적인 것이 숭배된다. 정신적으로 다시 태어나기 위해 세상에 쏟아부어지고 토막난 신(본문 93쪽 참조)은 데메테르와 함께 기념되어야 했다. (엘레우시스 신비의 정신을 보여주는 탁월한 설명은 에두아르 쉬레Edouard Schuré의 책 《오리엔트의 성소들Sanctuaires d'Orient》, Paris 1898에서 볼 수 있다.)

VI.

이집트의 신비의 지혜

1   "몸에서 해방되어 탁 트인 창공으로 올라간다면,
      그대는 죽음에서 빠져나와 불멸의 신이 될 것이다."

엠페도클레스의 이 말에는 옛 이집트인들이 인간의 영원한 것에 대해, 그리고 신적인 것과 그것의 관계에 관해 생각했던 것이 짧게 요약되어 있는 것처럼 보인다. 19세기 연구자들의 노력 덕분에 해독된 일명 《사자死者의 서》는 그것에 대한 증거이다. (렙시우스Lepsius, 《고대 이집트인들의 사자의 서 Das Totenbuch der alten Ägypter》, Berlin 1842 참조.) 이것은 "이집트인들이 보존하여 우리에게까지 전해진 가장 중요한 관련 서적"이다. 이 책에서는 모든 고인이 덧없는 껍질을 벗어던질 때 길잡이가 되도록 그들의 무덤에 같이 넣어진 온갖 교훈과 기도들을 볼 수 있다. 영원한 것과 세계의 생성에 관한 이집트인들의 가장 내밀한 견해들이 이 책에 담겨있다. 이 견해들이 가리키

는 신 관념들은 전적으로 그리스 신비주의의 것들과 비슷하다. 오시리스는 이집트 지역들에서 인정받는 여러 신들 중에서 점차 가장 탁월하고 가장 일반적인 신이 되었다. 다른 신들에 관한 표상들이 오시리스에게서 통합되었다. 이집트 민족 대다수에게 항상 오시리스에 관한 생각이 있었다면, 《사자의 서》는 인간 영혼 자체에서 발견할 수 있었던 것 같은 실체를 오시리스에게서 본 사제의 지혜에 대한 표상을 가리킨다. 사람들이 죽음과 사자들에 관해 생각한 모든 것이 그것을 충분히 분명하게 말해준다. 육체가 현세적인 것에 주어진다면, 즉 현세적인 것 내에 보존된다면, 영원한 것은 근원적으로 영원한 것을 향하는 길에 나서기 시작한다. 영원한 것은 42명의 사자 판관이 에워싸는 오시리스 앞에 판결을 위해 나타난다. 인간에게서 영원한 것의 운명은 사자 판관들이 어떻게 판단하느냐에 달려있다. 영혼이 죄의 고백을 했다면, 즉 영혼이 영원한 정의와 화해했다고 판단했다면, 무형의 힘들은 영혼에게 다가가서 이렇게 말한다.

"오시리스 N은 호텝 들판 남쪽과 메뚜기 들판 북쪽에 있는 연못에서 정화되었는데, 그곳에서 녹색의 신들은 신들의 심장의 형상과 함께 밤의 네 번째 시간과 낮의 여덟 번째 시간에 씻고 밤에서 낮으로 넘어간다."

이렇게 인간의 영원한 부분은 영원한 세계질서 자체 안에서 오시리스와 같은 것으로 여겨진다. 당사자 개인의 이름이 오시리스라는 명칭에 따라 명명된다. 그리고 영원한 세계질서와 하나가 되는 사람도 자기 자신에게 "오시리스"라는 이름을 붙인다.

"나는 오시리스 N이다. 오시리스 N의 이름은 무화과나무 꽃이
만발한 가운데 자란다."

그러니까 인간은 오시리스와 같은 것이다. 오시리스 존재는 인간 존재의 온전한 발전 단계일 뿐이다. 영원한 세계질서 안에서 심판하는 오시리스도 온전한 인간 외에 아무것도 아니라는 것은 당연해 보인다. 인간 존재와 신 존재 사이에는 정도 차이와 수의 차이가 있다. 여기에서는 "수"의 비밀에 대한 신비관이 그 근간을 이룬다. 세계 존재로서의 오시리스는 일자一者이다. 따라서 일자는 각각의 인간 영혼에 동일하지 않게 존재한다. 각각의 인간은 하나의 오시리스이다. 그렇지만 일자 오시리스도 어떤 특수한 실체로 생각되어야 한다. 인간은 발전 속에서 파악된다. 그리고 그 발전 궤도 끝에 신 존재가 있다. 이런 견해에서는 완성된, 즉 완결된 신의 존재에 대해서가 아니라 오히려 신성神性에 대해 말해야 한다.

2   그런 견해에서 볼 때 이미 오시리스로서 영원한 세계질서의 문에 도달한 사람만이 실제로 오시리스 현존에 진입할 수 있다는 것은 의심의 여지가 없다. 그러니까 인간이 영위할 수 있는 최고의 삶은 인간이 오시리스로 변화한다는 데 있어야 할 것이다. 순수한 인간

안에는 무상한 삶 내에서만이라도 가능한 한 완전한 오시리스가 살아야 한다. 인간은 오시리스처럼 산다면 완전해진다. 인간이 오시리스가 겪은 것을 다 겪는다면 그렇게 된다. 이와 함께 오시리스 신화는 보다 깊은 의미를 얻는다. 오시리스는 영원한 것을 자기 안에서 깨우려는 자의 본보기가 된다. 오시리스는 괴물 티폰에게 갈기갈기 찢겨 죽임을 당했다. 토막 난 시체 조각들은 아내 이시스가 보호하고 돌보았다. 오시리스는 죽음 이후 자기의 빛이 이시스에게 이르게 했다. 이시스는 오시리스에게 호루스를 낳아주었다. 이 호루스가 오시리스의 지상 과제를 떠맡는다. 그는 아직은 불완전하지만 진정한 오시리스를 향해 전진하는 두 번째 오시리스이다. 진정한 오시리스는 인간 영혼에 있다. 인간 영혼은 처음에는 무상한 것이다. 그러나 그 무상한 것은 영원한 것을 낳도록 정해져 있다. 그래서 인간은 자신을 오시리스의 무덤으로 여길 수 있다. 저급한 자연(티폰)이 인간의 고차적 자연을 죽였다. 자기 영혼에서의 사랑(이시스)은 시체 조각들을 보호하고 돌봐야 한다. 그러면 고차적인 자연, 즉 오시리스 현존을 향해 전진할 수 있는 영원한 영혼(호루스)이 태어날 것이다. 최고의 현존을 위해 애쓰는 인간은 대우주적 오시리스 세계 과정을 자기 안에서 소우주적으로 반복해야 한다. 이것이 이집트의 "전수", 즉 입문의 의미이다. 플라톤(본문 83쪽 참조)이 우주적 과정이라고 묘사하는 것, 즉 창조자가 세계 영혼을 세계 육체에 십자가 형태로 펼쳤고 또 세계 과정이 십자가에 못 박힌 이 세계 영혼의 구원이라고 묘사하는 것, 그것은 인간이 오시리스 현존의 자격을 얻어야 할 때 인간에게 소규모로 일어나야 했다. 전수받을 자는 영혼 체험, 즉 그의 오시리스 됨이 우주적인 오시리스 과정과 하나로 융합될 정도로 발전해야 했다. 인간들이 오시리스 변화를 겪은 입문 신전들을 들여다본다면, 그 사건들이 세계 생성을 소우주적으로 보여주고 있음을 알게 될 것이다. "아버지"에게서 유래하는 인간은 자기 안에서 아들을 낳아야 한다. 인간이 실제로 자기 안에 지니고 있는 것, 즉 마법에 걸린 신은 인간 안에서 드러나야 한다. 인간 안에 있는 이 신은 현세적 자연의 위력에 억눌린다. 이 저급한 자연은 고차적 자연이 소생할 수 있도록 우선 죽어서 묻혀야 한다. 입문 사건들에 대해 이야기되는 것은 여기에서 이해될 수 있다. 인간은 신비적 절차들을 따랐다. 이를 통해 인간의 현세적인 것은 죽임을 당했고, 고차적인 것은 깨어났다. 이 절차들을 개별적으로 연구할 필요는 없다. 다만 그 절차들의 의미를 이해해야 한다. 그리고 그 의미는 입문을 통과한 누구나 할 수 있었던 고백에 있다. 그런 사람은 이렇게 말할 수 있었다. 내 눈앞에 끝없는 전망이 아른거렸는데, 그 끝에 신적인 것의 완전함이 있다. 나는 이 신적인 것의 힘이 내 안에 있음을 느꼈다. 나는 내 안에서 이 힘을 억누르는 것을 매장했다. 나는 현세적인 것에서 서서히 사멸했다. 나는 죽었다. 저급한 인간으로서 나는 죽었다. 나는 저승에 있었다. 나는 죽은 자들, 즉 영원한 세계질서의 고리에 이미 순응한 자들과 교제했다. 나는 저승에 머문 후 부활했다. 나는 죽음을 극복했지만, 이제 나는 다른 사람이 되었다. 나는 무상한 자연과 더 이상 아무런 관련이 없다. 나의 경우 이 무상한 자연에는 로고스가 배어 있다. 이제 나는 영원히 살아있고 오시리스 오른쪽에 앉게 되는 사람들에 속한다. 나 스스로 영원한 세계질서와 하나가 되어 참된 오시리스가 될 것이고, 생사에 관한 판결이 내 손에 주어질 것이다. 전수받을 사람은 그런 고백으로 나아갈 수 있는 체험에 내맡겨질 수밖에 없었다. 그것은 이와 같이 인간에게 다가온 최고 형태의 체험이다.

3 비전수자가 누군가는 그런 체험들에 내맡겨진다는 말을 듣는다고 생각해보자. 그는 전수자의 영혼에 정말로 무슨 일이 일어났는지 알 수 없다. 그가 볼 때 전수자는 육체적으로 죽었고, 무덤 속에 누워 있었고 소생했다. 고차적 현존 단계에서 정신적 현실이 지닌 것, 그것은 감각적 현실의 형태들에서 자연 질서를 부수는 사건으로 표현되는 것처럼 보인다. 그것은 "기적"이다. 그런 "기적"은 입문이었다. 입문을 정말로 이해하려는 사람은 고차적 현존 단계에 서기 위해 자기 안에서 힘을 불러일으켜야 했다. 그런 사람은 이미 그럴 준비가 된 이력으로 이 고차적 체험들에 다가가야 했다. 이제 이렇게 준비시키는 체험들이 개별적 삶에서 아무튼 전개된다면, 그 체험들은 항상 아주 특정한 전형적 형태를 취하게 될 것이다. 그래서 입문자의 이력은 전형적이다. 그 이력은 개인과 무관하게 묘사될 수 있다. 오히려 개인은 특정한 전형적 체험들을 두루 겪었을 때에만 신적인 것에 이르는 길에 있다고 칭할 수 있을 것이다. 붓다는 그런 인물로 추종자들 곁에서 살았다. 처음에 예수는 그런 인격으로 그의 공동체에 모습을 드러냈다. 오늘날 우리는 붓다의 전기와 예수의 전기 사이에 어

떤 유사성이 존재하는지 안다. 독일의 신학자이자 철학자인 루돌프 자이델Rudolf Seydel(1835~1892)은 자신의 책 《붓다와 그리스도Buddha und Christus》에서 이런 유사성을 설득력 있게 증명했다. 이런 유사성에 대한 모든 항변이 무가치하다는 것을 알려면 개별적인 일들을 추적하기만 하면 된다.

4   붓다의 탄생은 마야 왕비 위로 낮게 날아오는 흰색 코끼리를 통해 예고된다. 코끼리는 마야 부인이 신적 인간을 낳을 것인데, 그 신적 인간을 통해 "모든 존재가 사랑과 우정을 느끼고 서로 하나가 되어 깊은 결속을 다질" 것이라고 예고한다. 루카복음서에는 이렇게 적혀 있다.

> "다윗 집안의 요셉이라는 사람과 약혼한 처녀…. 그 처녀의 이름은 마리아였다. 천사가 마리아의 집으로 들어가 말하였다. '은총이 가득한 이여, 기뻐하여라. … 보라, 이제 네가 잉태하여 아들을 낳을 터이니 그 이름을 예수라 하여라. 그분께서는 큰 인물이 되시고 지극히 높으신 분의 아드님이라 불리실 것이다.'" (루카 1,25-32)

붓다가 태어날 것이라는 말이 무슨 뜻인지 알고 있는 인도의 사제 브라만들은 마야 부인의 꿈을 해석한다. 그들은 붓다에 대한 전형적인 특정한 관념을 가지고 있다. 개인의 삶은 이런 관념에 부응해야 할 것이다. 마태오복음서 2장에도 이와 상응하게 읽히는 대목이 있다. 헤로데는 "백성의 수석 사제들과 율법 학자들을 모두 모아 놓고, 메시아가 태어날 곳이 어디인지 물어보았다."(마태 2,4) 브라만 아지타는 붓다에 관해 이렇게 말한다.

> "이 아이는 붓다, 즉 구원자, 불멸과 자유와 빛으로 이끄는 안내자가 될 것이다."

이것을 루카복음서와 비교해보자.

> "그런데 예루살렘에 시메온이라는 사람이 있었다. 이 사람은 의롭고 독실하며 이스라엘이 위로받을 때를 기다리는 이였는데, 성령께서 그 위에 머물러 계셨다. … 그리고 아기에 관한 율법의 관례를 준수하려고 부모가 아기 예수님을 데리고 들어오자, 그는 아기를 두 팔에 받아 안고 이렇게 하느님을 찬미하였다. '주님, 이제야 말씀하신 대로 당신 종을 평화로이 떠나게 해 주셨습니다. 제 눈이 당신의 구원을 본 것입니다. 이는 당신께서 모든 민족들 앞에 마련하신 것으로 다른 민족들에게는 계시의 빛이며 당신 백성 이스라엘에게는 영광입니다.'"(루카 2,25/2,27-32)

붓다에 대해서는 그가 열두 살 소년이었을 때 사라졌는데, 그가 전생에 가르친 가인들과 현인들에 둘러싸인 채 어느 나무 아래에서 다시 발견되었다고 보고된다. 루카복음서의 다음 구절은 이것에 상응한다.

"예수님의 부모는 해마다 파스카 축제 때면 예루살렘으로 가곤 하였다. 예수님이 열두 살 되던 해에도 이 축제 관습에 따라 그리로 올라갔다. 그런데 축제 기간이 끝나고 돌아갈 때에 소년 예수님은 예루살렘에 그대로 남았다. 그의 부모는 그것도 모르고, 일행 가운데에 있으려니 여기며 하룻길을 갔다. 그런 다음에야 친척들과 친지들 사이에서 그를 찾아보았지만, 찾지 못하였다. 그래서 예루살렘으로 돌아가 그를 찾아다녔다. 사흘 뒤에야 성전에서 그를 찾아냈는데, 그는 율법 교사들 가운데에 앉아 그들의 말을 듣기도 하고 그들에게 묻기도 하고 있었다. 그의 말을 듣는 이들은 모두 그의 슬기로운 답변에 경탄하였다." (루카 2,41-47)

붓다는 고독 속에서 살았고 돌아온 후 어느 처녀의 축복의 외침으로 환영받는다.

"그대가 속한 어머니가 복되고 아버지가 복되고 아내가 복되도다."

그러나 붓다는 "열반에 든 자들만 복되도다", 즉 영원한 세계질서 속으로 들어간 자들만 복되다고 대꾸한다. 루카복음서는 이렇게 말한다.

"예수님께서 이 말씀을 하고 계실 때에 군중 속에서 어떤 여자가 목소리를 높여, '선생님을 배었던 모태와 선생님께 젖을 먹인 가슴은 행복합니다.' 하고 예수님께 말하였다. 그러자 예수님께서 이르셨다. '하느님의 말씀을 듣고 지키는 이들이 오히려 행복하다.'" (루카 11,27-28)

붓다가 살아가는 동안 유혹자가 그에게 다가가 지상의 모든 왕국을 주겠다고 약속한다. 붓다는 이런 말로 그 유혹을 전부 다 물리친다.

"내게 한 나라가 주어졌다는 것을 알지만, 나는 세속적인 왕국을 열망하지 않는다. 나는 부처가 되어, 온 세상이 기쁨에 겨워 환호하게 만들 것이다."

유혹자는 "나의 지배는 끝났다." 하고 고백할 수밖에 없다. 같은 유혹에 예수는 이렇게 대답한다.

"사탄아, 물러가라. 성경에 기록되어 있다. '주 너의 하느님께 경배하고 그분만을 섬겨라.'" 그러자 악마는 그분을 떠나가고, 천사들이 다가와 그분의 시중을 들었다. (마태 4,10-11)

유사성에 대한 이런 묘사를 여러 항목으로 더 확장할 수 있을 것이고, 같은 결과를 얻을 것이다. 붓다는 장엄하게 입멸했다. 그는 도보 여행 중 병이 났다고 느꼈다. 붓다는 쿠시나가라 근처의 히란자강으로 갔다. 그는 총애하는 제자 아난다가 펼쳐놓은 양탄자에 누웠다. 붓다의 몸이 안으로부터 빛나기 시작했다. 붓다는 그 모습이 발광체처럼 바뀌어 "오래 가는 것은 없다"고 말하면서 입멸했다. 붓다의 이 죽음은 예수의 변용에 상응한다.

"이 말씀을 하시고 여드레쯤 되었을 때, 예수님께서 베드로와 요한과 야고보를 데리고 기도하시러 산에 오르셨다. 예수님께서 기도하시는데, 그 얼굴 모습이 달라지고 의복은 하얗게 번쩍였다." (루카 9,28-29)

이 순간 붓다의 인생 행로는 끝난다. 그러나 예수의 삶에서 가장 중요한 부분인 고난, 죽음, 부활은 이와 함께 시작된다. 그리고 붓다와 그리스도의 차이는 예수 그리스도의 삶을 붓다의 삶 너머로 데려가게 만드는 것에 있다. 붓다와 그리스도를 단순히 뒤섞어 놓는다면, 그들은 이해되지 않는다. (이것은 이어서 다음 장에서 다루어질 것이다.) 붓다의 죽음에 대한 다른 설명들이 그 문제의 깊은 측면들을 상당수 밝혀준다 하더라도 여기에서는 논외로 한다.

5   두 구원자의 삶에서 드러나는 일치는 명백한 결론을 강요한

다. 결말이 어떠해야 하는지에 대해서는 이야기들 자체가 정보를 제공한다. 출생의 형태에 대해 들으면 성직의 현자들은 그것이 무엇을 말하는지 안다. 그들은 그 이야기들이 신인神人과 관련이 있다는 것을 안다. 그들은 그 인물에게 그때 무슨 사정이 있을지 미리 알고 있다. 그렇기 때문에 그 인물의 인생 행로는 오직 그들이 신인의 인생 행로라고 알고 있는 것과 일치할 수 있다. 그들의 신비의 지혜에서는 영원을 위해 그런 인생 행로가 미리 정해져 있는 것처럼 보인다. 그 인생 행로는 오직 마땅히 *되어야* 하는 그대로일 수 있다. 그런 인생 행로는 영원한 자연법칙처럼 보인다. 어떤 화학물질이 아주 특정한 방식의 태도만 취하는 것처럼, 붓다 같은 사람, 즉 그리스도 같은 사람은 아주 특정한 방식으로만 살아갈 수 있다. 그런 사람의 우연적인 전기를 쓴다고 해서 그의 인생 행로를 이야기하는 것은 아니다. 오히려 그것을 넘어 신비의 지혜에 영원히 담긴 전형적인 특성들을 이야기할 때 그의 이력을 이야기하는 것이 된다. 붓다 성담聖譚이 통상적 의미에서의 전기가 아닌 것은, 복음서들이 예수 그리스도의 전기라고 주장하지 않는 것과 같다. 둘 다 우연적인 것을 이야기하지 않는다. 둘 다 세계의 구원자로 미리 정해진 인생 행로를 이야기한다. 외적인 물질적 역사에서가 아니라 신비의 전통들에서 둘 다를 위해 본보기를 찾아야 한다. 붓다와 예수는 가장 고결한 의미에서 신적 본성을 인식한 사람들을 위한 전수자들이다. (예수는 그리스도 실체의 내재를 통한 전수자이다.) 이로써 그들의 삶은 모든 무상한 것에서 멀어졌다. 이와 함께 사람들이 전수자들에 대해 알고 있는 것이 그들에게 적용된다. 그들의 삶에서 일어나는 우연적인 사건들은 더 이상 이야기되지 않는다. 그 사건들에 대해서는 이렇게 말해진다.

"한처음에 말씀이 계셨다. 말씀은 하느님과 함께 계셨는데 말씀은 하느님이셨다. … 말씀이 사람이 되시어 우리 가운데 사셨다." (요한 1,1 / 1,14)

6 그러나 예수의 삶은 붓다의 삶보다 많은 것을 담고 있다. 붓다는 변용으로 끝을 맺는다. 예수 인생에서 가장 의미 있는 것은 변모 사건 후에 시작된다. 그것을 전수자들의 언어로 옮겨보자. 붓다는 인간 안에서 신적인 빛이 빛나기 시작하는 순간에 도달했다. 그는 현세적인 것의 죽음 앞에 서 있다. 그는 세상의 빛이 된다. 예수는 더 나아간다. 예수는 세상의 빛이 그를 온통 하얗게 만드는 순간에 육체적으로 죽지 않는다. 이 순간에 그는 붓다와 같은 사람이다. 그러나 예수는 또한 이 순간, 고차적 수준의 입문에서나 표현되는 단계에 들어선다. 그는 고난을 당하고 죽는다. 현세적인 것은 사라진다. 그러나 정신적인 것, 즉 세상의 빛은 사라지지 않는다. 그의 부활은 성공한다. 예수는 자신의 공동체에 그리스도로서 모습을 드러낸다. 붓다는 변용의 순간에 우주정신의 복된 삶 속으로 사라진다. 예수 그리스도는 이 우주정신을 다시 한 번 인간의 형태로 현재적 현존 속에 소생시킨다. 이 현재적 현존은 *비유적* 의미의 고차적 축성 때 입문자에게서 실현되었다. 오시리스 신화의 의미에서의 입문자들은 상 체험

에서처럼 의식 속에서 그런 소생에 도달했다. 그러나 예수 생애에서는 상 체험으로서가 아니라 *현실*로서의 이 "위대한" 입문이 붓다 입문에 덧붙여졌다. 붓다는 인간이 로고스이며, 현세적인 것이 죽을 때 인간이 이 로고스로, 즉 빛으로 돌아간다는 것을 삶으로 입증했다. 예수에게서 로고스 자체는 인격이 되었다. 예수에게서 말씀은 육신이 되었다.

7 그러니까 고대 신비 의식들에 있어서 신비의 신전 내부에서 벌어졌던 일은 그리스도교를 통해 세계사적 사실로 이해되었다. 교회공동체는 유일하게 위대한 입문자 예수 그리스도를 신봉했다. 예수는 세계가 신적인 것임을 공동체에 증명했다. 그리스도교 공동체가 보기에 신비의 지혜는 예수 그리스도라는 인물과 불가분하게 연결되었다. 예수가 삶을 살았고, 예수의 신봉자들이 그에게 속했다. 이 믿음은 사람들이 그 전에 신비들을 통해 도달하려고 했던 것을 대신했다. 그때부터 예전에 신비적 방법들을 통해서만 도달할 수 있었던 것 일부가 그리스도교 공동체에 속한 사람들에게는, 현재 있는 말씀에 신적인 것이 주어졌다는 신념으로 대체될 수 있었다. 이제부터 결정적인 것은 각 개인의 정신이 오랫동안 준비해야 하는 것이 아니었다. 그보다는 오히려 예수 주위에 있는 사람들이 보고 들었던 것, 그리고 그들을 통해 전해지는 것이 결정적인 권위를 지녔다. 요한의 첫째 서간에는 이렇게 적혀 있다.

"처음부터 있어 온 것 우리가 들은 것 우리 눈으로 본 것 우리가 살펴보고 우리 손으로 만져 본 것, 이 생명의 말씀에 관하여 말하고자 합니다. … 우리가 *보고 들은 것*을 여러분에게도 선포합니다. 여러분도 우리와 친교를 나누게 하려는 것입니다." (요한 1 1,1 / 1,3)

그리고 이렇게 직접적으로 현실적인 것은 살아있는 끈으로서 모든 세대를 품을 것이다. 그것은 교회로서 대대로 신비적으로 휘감을 것이다. 아우구스티누스의 "나는 가톨릭교회의 *권위*가 나의 마음을 움직이지 않는다면 복음을 믿지 않을 것이다"라는 말은 그렇게 해석될 수 있다. 그러니까 복음서들은 진리에 대한 식별 부호를 지니고 있지 않다. 오히려 사람들은 복음서들이 예수의 인격에 근거하기 때문에 믿을 것이다. 그리고 교회가 복음서들을 진리로 보이게 할 수 있는 힘을 신비로운 방법으로 이 인격으로부터 도출하기 때문에 그럴 것이다. 신비는 진리에 이를 수 있는 *수단*을, 전통을 통해 전해주었다. 그리스도교 공동체는 이 진리를 몸소 전파시킨다. 전수 때 인간의 내면에서 반짝이는 신비적인 힘들에 대한 신뢰에 일자, 즉 근원적 입문자에 대한 신뢰가 더해져야 한다. 신비가들은 신격화를 추구했다. 그들은 신격화를 *체험*하고자 했다. 예수는 신격화되었다. 우리는 그를 지지해야 한다. 그러면 그가 세운 공동체 내에서 신격화에 관여한 참여자가 된다. 이것이 그리스도교의 확신이었다. 예수로 신격화된 것은 예수의 공동체 전체를 위한 신격화이다.

"보라, 내가 세상 끝 날까지 언제나 너희와 함께 있겠다."(마태 28,20)

그때 베들레헴에서 태어난 사람은 *영원한* 특성을 지닌다. 크리스마스 찬미가는 예수의 탄생이 크리스마스 때마다 일어나는 일처럼 이렇게 말해도 된다.

"오늘 그리스도가 탄생하셨도다. 오늘 구세주가 나타나셨도다. 오늘 천사들이 땅에서 노래하도다."

그리스도 체험에서는 입문의 대단히 특정한 단계를 보아야 한다. 예수 탄생 이전의 신비가가 이와 같은 그리스도 체험을 할 때 전수를 통해 처하게 되는 상태는 그로 하여금 감각 세계에는 해당되는 사실이 없는 어떤 것을 ―고차 세계들에서― 정신적으로 지각할 수 있게 해주었다. 신비가는 골고타의 신비가 둘러싸는 것을 고차 세계에서 체험했다. 이제 그리스도교 신비가가 입문을 통해 이런 체험을 한다면, 그는 골고타에서의 역사적 사건을 보는 동시에, 감각계 내에서 일어난 이 사건 안에 예전에 신비들의 초감각적 사실들에만 있었던 것과 같은 내용이 있음을 안다. 그러니까 "골고타의 신비"와 함께, 예전에 신비의 신전 내에서 신비가들에게 쏟아 부어진 것이 그리스도교 공동체에도 부어진 것이다. 그리고 입문은 그리스도교 신비가들이 "골고타의 신비"가 지닌 이런 내용을 알게 될 가능성을 부여한다.

반면에 믿음은 인간으로 하여금 신비적 경향에 무의식적으로 관여하게 하는데, 그 신비적 경향은 신약성경에 묘사된 사건들에서 시작되었고 그 이후로 인류의 정신 활동을 관통하고 있다.

VII.

복음서

1   복음서들에는 "예수의 삶"에 관해 역사적 고찰을 거쳐야 할 것이 담겨 있다. 그것에 관해 이 원전에서 유래하지 않는 모든 것은 그 사안에 대한 가장 위대한 역사적 전문가로 통하는 이들 중 한 명인 독일 개신교 신학자 하르나크Adolf von Harnack(1851-1930)의 판단에 따르면 "4절지 한 장에 충분히 쓸 수 있는" 정도이다. 그런데 이 복음서들은 어떤 증거일까? 네 번째 복음서인 "요한복음서"는 다른 복음서들과 사뭇 달라, 이 분야에서 *역사적* 연구의 길을 바꿔야 한다고 생각하는 사람들은 다음과 같이 판단하게 된다.

"요한복음서에 예수의 삶에 관한 진짜 전승이 있다면, 처음에 나온 세 개의 복음서들(공관복음서 저자들)의 전승은 근거가 빈약하여 버티지 못한다. 반면에 공관복음서 저자들이 옳다면, 네 번째 복음서 저자는 원전으로는 거부되어야 한다."(오토 슈미델Otto Schmiedel, 《예수의 삶 연구의 주요 문제들Die Hauptprobleme der Leben Jesu-Forschung》 15쪽)

이것은 역사연구자의 관점에서 진술된 주장이다. 복음서들의 신비적 내용을 다루는 여기에서는 이런 관점을 인정할 수도 거부할 수도 없다. 하지만 어쩌면 다음과 같은 판단을 암시할 수는 있을 것이다.

"일치, 영감, 완전함 등을 기준으로 따져볼 때 이 글들은 불만스러운 점이 아주 많고, 또 인간적인 기준에 비춰보더라도 결함이 적지 않다."

이것은 어떤 그리스도교 신학자가 진술한 의견이다(하르나크, 《그리스도교의 본질》). 복음서들의 신비적 기원이 있다는 입장에 서는 사람에게는 의견이 같지 않은 일들이 무난히 설명된다. 그런 사람에게는 또한 네 번째 복음서와 처음 세 개의 복음서들 사이에 조화가 존재한다. 왜냐하면 이 모든 복음서들은 결코 통상적인 말뜻에서 단순한 역사적 전승들일 수 없기 때문이다. 복음서들은 역사적 전기를 보여주려 한 것이 아니었다(본문 133쪽 참조). 복음서들이 보여주고자 한 것은 하느님의 아들의 전형적인 삶이며, 이는 신비 전통들에 늘 예시되어 있었다. 사람들이 활용한 것은 역사가 아니라 신비 전통들이었다. 물론 신비 의식이 이루어지는 여러 장소에서 이 전통들이 말 그대로 일치할 정도로 똑같이 형성되지는 않았다. 그렇지만 그리스도교의 복음서 저자들이 자기들 신인神人의 삶을 이야기한 것과 거의 똑같이 불교도들이 그들의 신인의 삶을 이미 이야기했을 정도로 상당히 일치되는 부분은 있었다. 그러나 차이점들도 물론 존재했다. 이제 네 명의 복음서 저자들이 상이한 네 가지 신비 전통들을 활용했다는 점을 받아들이기만 하면 된다. 예수가 서로 다른 네 개의 전통들에 속하는 성서학자들에게서 믿음을 일깨운다는 것은 예수의 걸출한 인격을 말해준다. 예수는 그들이 생각하는 전수자 전형에 너무나 완벽히 부합하는 사람이라고 한다. 그래서 그들은 예수를 마치 그들의 신비 전통들에 미리 정해져 있는 전형적인 인생 행로를 살아가는 인물처럼 대할 수 있다는 것이다. 그 다음에 그들은 더 나아가 예수의 삶을 *자신들의* 신비 전통들의 기준에 따라 묘사했다. 그리고 처음 세 복음서 저자들(공관복음서 저자들)이 비슷하게 이야기한다면, 그것은 그들이 비슷한 신비 전통들을 활용했다는 것 *이상*을 증명하지 못한다. 네 번째 복음서 저자는 자기의 글에 종교철학자 필론을 상기시키는 생각들이 배어들게 했다(본문 86쪽 참조). 이것은 재차 그가 필론에게도 가까웠던 신비적 전통에서 나왔다는 것 외에 아무것도 증명하지 못한다. 복음서들은 여러 요소들과 관련이 있다. 첫째, 사실들의 전달과 관련이 있는데, 이 전언들은 처음에 마치 그것들이 역사적 사실이어야 할 것처럼 주장하는 태도를 취한다. 둘째, 단지 더 깊은 진리를 상징화하기 위해 사실 이야기를 이용하는 비유 이야기들과 관련이 있다. 그리고 셋째, 그리스도교 세계관의 내용을 뜻한다고 하는 가르침과 관련이 있다. 요한복음서에는 고유한 *비유*가 나오지 않는다. 요한복음서는 비유들이 필요 없다고 생각하는 신비주의 학파에서 만들어졌다. 그러나 역사적으로 전해지는 행위들과 비유들이 처음의 복음서들에서 어떠한지에 대해서는 무화과나무의 저주에 대한 이야기가 확실히 조명한다. 마르코복음서에서 이런 구절을 읽을 수 있다.

"이윽고 예수님께서 예루살렘에 이르러 성전에 들어가셨다. 그리고 그곳의 모든 것을 둘러보신 다음, 날이 이미 저물었으므로 열두 제자와 함께 베타니아로 나가셨다. 이튿날 그들이 베타니아에서 나올 때에 예수님께서는 시장하셨다. 마침 잎이 무성한 무화과나무를 멀리서 보시고, 혹시 그 나무에 무엇이 달렸을까 하여 가까이 가 보셨지만, 잎사귀밖에는 아무것도 보이지 않았다. 무화과 철이 아니었기 때문이다. 예수님께서는 그 나무를 향하여 이르셨다. '이제부터 영원히 어느 누구도 너에게서 열매를 따 먹는 일이 없을 것이다.'" (마르 11,11-14)

루카는 같은 대목에서 비유를 이야기한다.

"예수님께서 이러한 비유를 말씀하셨다. '어떤 사람이 자기 포도밭에 무화과나무 한 그루를 심어 놓았다. 그리고 나중에 가서 그 나무에 열매가 달렸나 하고 찾아보았지만 하나도 찾지 못하였다. 그래서 포도 재배인에게 일렀다. 보게, 내가 삼 년째 와서 이 무화과나무에 열매가 달렸나 하고 찾아보지만 하나도 찾지 못하네. 그러니 이것을 잘라 버리게. 땅만 버릴 이유가 없지 않은가?'" (루카 13,6-7)

이것은 열매를 맺지 못하는 무화과나무로 묘사되는 옛 가르침의 무가치성을 상징적으로 말해줄 비유이다. 비유적으로 말해진 것을 마르코는 역사적으로 있는 것 같은 사실처럼 이야기한다. 그런 까닭에 복음서들에 나오는 사실들을 결코 마치 감각 세계의 사실들로 간주해야만 하는 것처럼 역사적으로 다루려 하지 않는다고 생각할 수 있다. 그보다는 오히려 신비적으로, 즉 체험으로 다루려 한다고 여길 수 있다. 그 지각을 위해 정신적 직관이 필요한 체험이자, 여러 신비적 전통에서 유래하는 체험으로 여길 수 있다는 것이다. 그러나 그 다음에는 요한복음서와 공관복음서 저자들 사이에 차이가 없게 된다. 신비적 해석에서는 역사적 연구가 전혀 고려되지 않는다. 이런저런 복음서가 몇 십 년 일찍 혹은 늦게 생겨났을 수 있는데, 신비가들에게는 모든 복음서가 똑같은 역사적 가치를 지닌다. 요한복음서의 역사적 가치가 다른 복음서들과 똑같다는 말이다.

2 그리고 "기적들", 이것은 신비적 설명이 조금도 어렵지 않다. 기적은 세상의 물리적 법칙성을 깨야 한다. 기적이 그럴 수 있는 것은 물질적인 것에서, 즉 무상한 것에서 일어나서 일상적인 감각 지각이 당장 간파할 수 있었을 사건으로 여겨지는 동안 뿐이다. 그러나

기적이 고차적 현존 단계, 즉 정신적 현존 단계에서만 간파될 수 있는 체험이라면, 기적을 물질적인 자연 질서의 법칙으로 파악할 수 없다는 것은 자명하다.

3 그러므로 복음서들은 우선 정확히 읽어야 한다. 그리고 나면 복음서들이 그리스도교의 창시자에 대해 어느 정도까지 이야기하려 하는지 알게 될 것이다. 복음서들은 신비 전달의 양식으로 이야기하려 한다. 복음서들은 어떤 신비가가 어떤 전수자에 대해 이야기하는 것처럼 이야기한다. 다만 복음서들은 전수를 유일한 분의 유일무이한 특징이라고 전한다. 그리고 복음서들은 인간들이 이 특별한 전수자를 충실히 따르는 것에 인류의 구원이 좌우되게 만든다. 전수자들에게 넘어간 것은 "하느님의 나라"였다. 유일무이한 분은 이 나라를 그 분의 편에 서려는 모든 사람들에게 가져다주었다. 개인의 사적인 일이 이제 예수를 주님으로 인정하려는 사람들이 모인 공동체의 일이 되었다.

4 일이 그렇게 된 것을 이해할 수 있는 것은, 신비의 지혜가 이스라엘의 민족종교에 깊이 파묻혀 있다고 여길 때이다. 유대교에서 그리스도교가 생겨났다. 그리스와 이집트의 정신 활동의 공동자산으로 입증된 신비관들이 그리스도교를 통해 유대교에 이식되었다는 식으로 보는데, 그 점에 대해서는 놀랄 필요가 없다. 민족종교들을 연구해 보면 정신적인 것에 관한 여러 표상들을 보게 된다. 어디에

서나 여러 민족종교들의 정신적 핵심이라고 밝혀지는 보다 깊은 사제의 지혜로 되돌아간다면, 도처에서 일치를 발견하게 된다. 플라톤은 자신의 철학적 세계관에서 그리스 지혜의 핵심을 설명하려고 하면서, 자신이 이집트 사제들의 지혜와 일치 속에 있음을 알게 된다. 피타고라스에 대해서는 그가 이집트로, 인도로 여행을 했다고 이야기된다. 그리고 그가 이 나라들의 현자들에게서 배웠다고 한다. 대략 그리스도교 형성기에 살았던 위인들은 플라톤의 철학적 가르침들과 모세오경의 보다 깊은 의미 사이에 일치하는 부분이 너무 많아서 플라톤을 아티카 식으로 말하는 모세라고 불렀다.

5   그러니까 신비의 지혜는 어디에나 있었다. 신비의 지혜는 세계종교가 되려 할 때 취해야 하는 형식을 유대교에서 받아들였다. 유대교는 메시아를 기다리고 있었다. 유일무이한 입문자의 인격에 대해, 유대인들이 이 유일한 분이 메시아임에 틀림없다고 이해할 수밖에 없었다는 것은 놀라운 일이 아니다. 그렇다. 여기서부터 예전에 신비들에서 개별 사안에 불과했던 것이 민족의 사안이 되었다는 사실이 특별히 조명되기까지 한다. 유대 종교는 처음부터 민족종교였다. 유대민족은 스스로 전체로 여겼다. 유대민족의 "야오"(야훼)는 민족 전체의 신이었다. 아들이 태어나야 한다면, 그 아들은 다시 민족의 구원자가 될 수밖에 없었다. 개별 신비가가 스스로 구원받아서는 안 되었다. 이 구원은 민족 전체에 주었어야 했다. 그러니까 유대 종교의 기본 사상 내에서 한 사람이 모두를 위해 죽는다는 것의 근거

가 마련되었다. 그리고 비밀 의식의 어둠에서 나와 민족종교로 옮겨질 수 있는 신비가 유대교 내에도 존재했다는 것은 확실하다. 수련을 받은 신비주의가 바리새주의의 외적인 의례들에 집착하는 사제의 지혜와 나란히 존속했다. 이 비밀스런 신비의 지혜는 다른 곳에서와 마찬가지로 여기에서도 기록되었다. 언젠가 어떤 전수자가 그런 지혜를 강연하고 청중들이 그 비밀스런 의미를 알아차렸을 때, 그들은 이렇게 말했다. "오, 노인이여, 무슨 일을 하신 겁니까? 오, 침묵하셨더라면! 끝이 없는 바다를 돛과 돛대 없이 갈 수 있을 거라고 생각하시는군요. 그런 일을 벌이고 계십니다. 위로 오르려고요? 그렇게 하실 수 없습니다. 깊이 가라앉으려고요? 거기에서는 끝이 없는 심연이 입을 벌리고 맞이할 겁니다." 그리고 또한 위의 이야기가 유래한 유대교 신비주의자들은 네 명의 랍비에 대해 말한다. 네 명의 랍비는 신적인 것에 이르는 감춰진 길을 찾아 나섰다. 첫 번째 랍비는 죽었고, 두 번째 랍비는 지성을 잃었고, 세 번째 랍비는 끔찍한 황폐화를 야기했으며, 오직 네 번째 랍비인 아키바만 들어갔다가 다시 나왔다.

6   유대교에도 유일무이한 입문자가 나타날 수 있는 토대가 있었다는 것은 알려진 사실이다. 그런 입문자는 이렇게 생각하기만 하면 되었다. 나는 구원이 계속 몇몇 선택된 자들의 일이길 원하지 않아. 나는 모든 민족을 이 구원에 참여시킬 거야. 입문자는 선택된 자들이 신비의 성소들에서 체험했던 것을 온 세상에 가지고 나가야 했다. 그는 정신적으로 자기 인격을 통해 자기 공동체에서, 신비 의식

이 예전에 그 의식에 관여했던 사람들에게 지녔던 역할을 떠맡아야 했다. 물론 그는 신비의 *체험*들을 자기 공동체에 당장 줄 수는 없었다. 그는 그것을 원할 수도 없었다. 하지만 신비들에서 진리라고 여겨진 것에 대한 확신만큼은 모두에게 주려고 했다. 그는 신비들에 흐르는 삶을 인류의 더 먼 역사적 발전을 통해 흐르게 하려고 했다. 이렇게 하여 인류를 현존의 고차적 단계로 끌어올리려고 했다.

"보지 않고도 믿는 사람은 행복하다." (요한 20,29)

그는 신적인 것이 존재한다는 확신을 *신뢰*의 형태로 굳건하게 가슴 속에 심으려 했다. 밖에 서서 이런 신뢰를 갖는 사람은 이런 신뢰 없이 있는 사람보다 확실히 더 멀리 나아간다. 그런데 국외자들 중에 길을 찾지 못하는 사람들이 많을 수 있다는 것이 악령처럼 예수의 마음을 압박했음에 틀림없다. 전수받을 자들과 "민중" 사이에 벌어진 틈은 크지 않아야 했다. 그리스도교는 누구나 길을 찾을 수 있게 해주는 수단이어야 했다. 그럴 만큼 준비가 되어 있지 않다면, 적어도 누구나 어떤 무의식 속에서 신비의 흐름에 관여할 가능성은 차단되어 있지 않았다.

"사람의 아들은 잃은 이들을 찾아 구원하러 왔다." (루카 19,10)

그때부터는 아직 전수에 참여할 수 없는 사람들도 신비의 열매들 중 어떤 것을 향유할 수 있어야 했다. 그때부터는 하느님의 나라가 전적으로 "외면적인 모습"에 달려있지 않아야 했다. 그렇다. "그것은 여기나 저기가 아니다. 그것은 너희들 안에 있다." 하느님의 나라에서는 정신의 나라에서 이 사람 또는 저 사람이 얼마나 멀리 가는가 하는 것이 별로 중요하지 않다. 하느님의 나라에서 중요한 것은 모두가 그런 정신적인 나라가 존재한다는 확신을 갖는 것이다.

"그러나 영들이 너희에게 복종하는 것을 기뻐하지 말고, 너희 이름이 하늘에 기록된 것을 기뻐하여라." (루카 10,20)

즉 "신적인 것을 믿으라. 그대들이 그것을 발견할 때가 올 것이다"라는 말이다.

VIII.

라자로의 기적

1   예수가 행한 것이라고 간주되는 "기적들" 중에서 베타니아에서 일어난 라자로의 소생은 아주 특별한 의미가 있다고 확실히 인정되어야 한다. 라자로의 소생 기적에서 복음서 저자가 이야기하는 것에 신약성경의 탁월한 지위를 부여하기 위한 모든 것이 합쳐진다. 이 이야기가 요한의 복음서에만 있다는 점을 염두에 두어야 한다. 그러니까 복음서의 의미심장한 서문을 통해 자기가 하는 보고들에 대한 아주 특정한 이해를 요구하는 복음서 저자 요한의 복음서에만 이 이야기가 나온다는 것이다. 요한은 이런 문장으로 시작한다.

한처음에 말씀이 계셨다. 말씀은 하느님과 함께 계셨는데 말씀은 하느님이셨다. … 말씀이 사람이 되시어 우리 가운데 사셨다. 우리는 그분의 영광을 보았다. 은총과 진리가 충만하신 아버지의 외아드님으로서 지니신 영광을 보았다. (요한 1,1 / 1,14)

설명의 서두에 이런 말들을 늘어놓는 사람이라면 이를테면 자신의 의도를 특별히 깊은 의미로 해석해 줄 것을 암시하고자 할 것이다. 여기에서 단순히 합리적인 설명이나 외면상의 다른 사안들을 늘어놓으려는 사람은 오셀로가 무대에서 여주인공 데스데모나를 "정말로" 살해했다고 생각하는 사람과 비슷하다. 요한은 이 서문으로 대체 무엇을 말하려는 것일까? 그는 어떤 영원한 것, 즉 한처음에 있었던 것에 대해 말하고 있음을 분명히 밝힌다. 그는 사실들을 이야기한다. 그러나 그 사실들을 눈과 귀가 관찰하고 논리적 지성이 기교를 부리는 그런 사실들로 여겨서는 안 된다. 그는 우주정신에 있는 "말씀"을 사실들 뒤에 숨긴다. 그에게 있어서 이 사실들은 고차적 의미를 실현하는 수단이다. 그래서 눈과 귀, 그리고 논리적 지성이 최대의 난관에 부딪히는 죽은 자의 부활이라는 사실에 가장 깊은 의미가 숨겨져 있다고 전제할 수 있다.

2   여기에 또 다른 것이 더해진다. 프랑스의 종교가이자 사상가 에르네스트 르낭Ernest Renan(1823~1892)은 이미 《예수의 생애La vie de Jesus》에서 라자로의 부활이 의심할 여지없이 예수의 삶의 마지막에 결정적인 영향을 미쳤음에 틀림없다고 언급했다. 그런 생각은 르낭의 입장에서는 불가능해 보인다. 그 이유는 이렇다. 예수가 어떤 남자를 죽음에서 소생시켰다는 믿음이 사람들 사이에 퍼져 나갔다는 사실이 왜 그의 적들에게는 너무 위험하게 여겨져서 그들을 이러한 판단에 이르게 했을까? 예수와 유대교가 함께 살 수 있을까? 르낭과

마찬가지로 다음의 주장을 해서는 안 된다.

"예수의 다른 기적들은 확실한 믿음에서 계속 이야기되고 사람들의 입에서 과장되는 일시적 사건들이었고, 그 사건들이 일어난 후에는 더 이상 재론되지 않았다. 그런데 이것은 실제 하나의 사건이어서, 공공연히 알려졌고 바리새인들을 입 다물게 만들었다. 예수의 모든 적들은 그 사건이 주목을 받게 된 것에 격분했다. 사람들 이야기로는 그들이 라자로를 죽이려 했다고 한다."

베타니아에서는 단순히 예수에 대한 믿음을 강화하는 데 도움이 되는 가상의 줄거리를 연출했을 것이라는 르낭의 견해가 맞다면, 그게 왜 그래야 하는지 이해하기 어렵다.

"아마도 라자로는 송장처럼 지냈던 병치레 때문에 여전히 창백한 상태로 아마포에 싸여 가족묘에 눕혀졌을 것이다. 이 무덤은 바위를 깨뜨려 만든 큰 방들로, 대단히 큰 바위덩어리로 막힌 사각형 입구를 통해 들어갈 수 있었다. 예수가 베타니아에 들어서기도 전에 마르타와 마리아는 서둘러 예수를 맞이하여 무덤으로 안내했다. 죽었다고 믿어지는 친구의 무덤에서 예수가 느낀 가슴 아픈 고통은 그 자리에 참석한 사람들에게 기적에 수반되곤 하는 두려움과 전율로 여겨졌을 것이다(요한

11,33 / 11,38). 토속신앙에 따르면 인간 안에 있는 신적인 힘은 요컨대 흡사 간질 및 전신 경련 원리에 근거하는 것 같았다. 우리의 가정을 전제로 할 때, 예수는 항상 그가 사랑했던 사람을 다시 한 번 보기를 바랐고, 무덤의 돌이 치워지자 수의를 걸친 라자로가 머리를 땀 닦는 수건으로 감싼 채 나왔다. 이런 현상은 물론 일반적으로 부활로 간주되어야 했다. 믿음은 자기에게 진리인 것 외에 다른 어떤 법칙을 알지 못한다."

르낭처럼 다음과 같은 견해를 연결한다면, 그런 해석은 솔직히 순진하게 보이지 않을까?

"전부 다 베타니아의 기적이 본질적으로 예수의 죽음을 재촉하는 데 기여했다고 말하는 것처럼 보인다."

그럼에도 르낭이 밝힌 이 주장의 근저에 올바른 감정이 있음은 의심의 여지가 없다. 다만 르낭은 이런 감정을 *자기의* 수단으로 해석하고 정당화시킬 수 없을 뿐이다.

3 예수는 이와 연관하여 다음의 말들이 정당화된 것처럼 보이도록 베타니아에서 특별히 중요한 어떤 것을 실행했어야 했다.

그리하여 수석 사제들과 바리사이들이 의회를 소집하고 이렇게 말하였다. "저 사람이 저렇게 많은 표징을 일으키고 있으니, 우리가 어떻게 하면 좋겠소?" (요한 11,47)

르낭은 또한 뭔가 특별한 추측을 한다.

"요한의 이 이야기가 공관복음서 저자들에게 충만한 민족의 환상이 넘쳐나는 기적 이야기들과 본질적으로 다르다는 점은 인정되어야 한다. 여기에 덧붙일 점이 있다. 요한이 예수와 베타니아의 가족과의 관계를 정확히 알고 있었던 유일한 복음서 저자이고, 무척 개인적인 기억들의 틀 내에서 하나의 민족 창작물이 어떻게 자리를 잡을 수 있었는지 이해하기 어렵다는 점이 그것이다. 그러니까 아마도 그 기적은 아무도 만든 책임이 없는 완전히 전설적인 기적들 중 하나는 아니었을 것이다. 요컨대 나는 부활로 간주될 수 있는 어떤 일이 베타니아에서 일어났다고 생각한다."

근본적으로 보면 그것은 르낭이 베타니아에서 그가 설명할 수 없는 어떤 일이 일어났다고 추측한다는 뜻이 아닐까? 그는 또한 다음과 같은 말을 구실로 삼는다.

"시간의 길이로 보나 나중에 추가한 흔적들이 역력한 유일한 텍스트로 보나, 이 경우에 전부 다 지어낸 이야기인지 아니면 정말로 베타니아에서 벌어진 돌발적인 사건이 소문의 근거로 쓰이는 건지 결정하는 것은 불가능하다."

여기에서는 텍스트를 올바로 읽기만 하면 제대로 이해하게 되는 어떤 것에 대해 말하는 것은 아닐까? 그러면 더 이상 "지어낸 이야기"라고는 하지 않게 될 것이다.

4   요한복음서에 나오는 이야기 전체가 신비스러운 베일에 싸여 있다는 것은 인정할 수밖에 없다. 그 점을 통찰하기 위해서는 한 가지만 암시하면 된다. 그 이야기를 육체적인 의미로 그대로 받아들여야 한다면, 예수의 말들은 무슨 의미를 지녀야 할까?

"그 병은 죽을 병이 아니라 오히려 하느님의 영광을 위한 것이다. 그 병으로 말미암아 하느님의 아들이 영광스럽게 될 것이다."(요한 11,4)

이것은 해당 복음서 부분에 대한 통상적인 번역이다. 그렇지만 그리스어 원본에 비춰보아도, "하느님의 현현(계시)을 위한 것이다. 그 병으로 말미암아 하느님의 아들이 널리 알려질 것이다." 하고 번역해야 사실에 더 부합한다. 그렇다면 예수가 말하는 다른 말들은 무엇을 의미해야 할까?

"나는 부활이요 생명이다. 나를 믿는 사람은 죽더라도 산다."
(요한 11,4/25)

라자로가 병에 걸린 것은 단지 자신의 능력을 보여주기 위함이라고 예수가 말하려 했다고 생각한다면 이 역시 진부한 것이다. 그리고 예수가 자기를 믿는 믿음이 죽은 자를 일상적인 의미에서 다시 살게 만든다고 주장하려 했다고 생각한다면 이것 또한 진부한 것이다. 부활 후에도 죽기 전과 똑같다면, 죽음에서 소생한 인간에게 대체 무엇이 특별하겠는가? 그렇다. 그런 인간의 삶이 "나는 부활이요 생명이다"라는 말로 설명된다면, 그게 무슨 의미가 있겠는가? 예수의 말을 어느 정신적 사건의 표현으로 본 다음 어느 면에서는 심지어 텍스트에 있는 *말* 그대로 이해한다면, 즉시 예수의 말에 생명과 의미가 생긴다. 그런데 예수는 자신이 라자로에게 일어난 부활이고 라자로가 사는 *생명*이라고 말한다. 요한복음서에 나오는 예수를 말 그대로 받아들이자. 그는 "사람이 되신 말씀"이다. 그는 한처음에 있었던 영원한 것이다. 그가 정말로 부활이라면, "영원한 처음의 것"이 라자로에게서 부활한 것이다. 그러니까 그것은 영원한 "말씀"의 소생과 관련이 있다. 그리고 이 "말씀"은 라자로가 소생한 생명이다. 그것은 "질병"과 관련이 있다. 그러나 죽음으로 이어지지 않고 "하느님의 영광"을, 하느님의 계시를 위한 병을 말한다. 라자로에게서 "영원한 말씀"이 소생했다면, 그 사건 전체는 정말로 라자로에게서 하느님을 나타나게 하려는 데 쓰인다. 왜냐하면 라자로는 그 사건 전체를 통해 다른 사람이 되었기 때문이다. 예전에는 "말씀", 즉 정신이 그의 안에 살지 않았다. 그런데 이제 그 정신이 그의 안에 산다. 그에게서 그 정신이 태어난 것이다. 질병, 즉 어머니의 병은 확실히 모든 탄생과 결부되어 있다. 하지만 이 병은 죽음이 아니라 새로운 생명으로 이어진다. 라자로의 경우 "새로운 인간", 즉 "말씀"으로 가득 찬 인간이 태어나도록 "병을 앓는" 것이다.

5   "말씀"이 태어나는 무덤은 어디에 있을까? 이 질문에 답을 얻으려면 인간의 육체를 영혼의 무덤이라고 부르는 플라톤을 생각하면 된다. 그리고 플라톤이 정신 세계가 육체 안에 살게 되는 것을 암시할 때, 플라톤 또한 일종의 부활에 대해 말하고 있다고 상기하면 된다. 플라톤이 정신적 영혼이라고 부르는 것을 요한은 "말씀"이라고 표현한다. 그리고 그에게는 그리스도가 "말씀"이다. 플라톤이라면, 자기 육체의 무덤에서 신적인 것을 소생시킨 사람이 정신적인 인간이 된다고 말했을 것이다. 그리고 요한에게는 "예수의 삶"을 통해 드러난 것이 이 부활이다. 그러므로 요한이 예수로 하여금 "나는 부활이다"라고 말하게 한다면, 그것은 놀랄 일이 아니다.

6   베타니아 사건이 정신적인 의미의 소생이라는 것에는 조금도 의심의 여지가 없다. 라자로는 예전과는 다른 사람이 되었다. 그는 "영원한 말씀"이 "나는 그 생명이다"라고 말할 수 있었던 생명으로 소생했다. 그렇다면 라자로에게는 무슨 일이 일어난 것일까? 그의 안에

정신이 살게 된 것이다. 그는 영원한 생명에 참여하게 되었다. 라자로의 체험은 신비를 전수받은 사람들의 말로 진술되기만 하면 그 의미가 즉시 드러난다. 그런데 플루타르코스는 신비의 목적에 관해 무슨 말을 하는가?(본문 35쪽 이하 참조) 그는 신비가 영혼을 육체적 생명에서 떼어놓고 신들과 합일시키는 데 도움이 되었을 것이라고 한다. 독일의 철학자 셸링Friedrich Wilhelm Joseph von Schelling(1775~1854)이 전수자의 감정들을 어떻게 묘사하는지 살펴보자.

"전수자는 전수를 받아들임으로써 자신이 카베이로스가 되고 마법적 사슬의 한 고리가 되었다. 그는 끊을 수 없는 관계 안으로 받아들여지고, 옛 비문들이 표현하는 것처럼 상위의 신들의 무리에 속하게 되었다."(셸링, 《계시의 철학》)

신비를 전수한 사람의 삶에서 일어나는 격변에 대해서는 아이데시오스Aedesios가 제자인 콘스탄티누스 황제에게 하는 말들이 가장 의미심장하다고 할 수 있다.

"그대가 언젠가 신비에 참여한다면, 그대는 그저 인간으로 태어났다는 것을 부끄러워할 것이다."

7 영혼 전체에 그런 감정들이 스며들면, 인간은 베타니아 사건과 올바른 관계를 맺게 될 것이다. 그러면 요한의 이야기에서 뭔가

아주 특별한 것을 체험하게 된다. 어떤 논리적인 해석도, 즉 어떤 합리적인 설명도 시도할 수 없는 확신이 마음에 떠오른다. 신비는 그 말의 진정한 의미에서 우리 앞에 있다. "영원한 말씀"이 라자로 안으로 들어갔다. 라자로는 신비의 의미에서 말하기 위해 입문자(전수자)가 되었다(<신비들과 신비의 지혜> 참조). 그리고 우리에게 이야기되는 사건은 입문 사건일 수밖에 없다.

8   그 사건 전체를 일단 입문이라고 해 두자. 라자로는 예수의 사랑을 받는다(요한 11,36). 이것이 일반적인 의미의 애정을 뜻할 리는 없다. 애정이라고 한다면 예수가 "말씀"이 되는 요한복음서의 의미와 배치될 것이다. 예수는 라자로를 좋아했다. 라자로가 자기 안에 "말씀"을 불러일으키기에 충분하다고 여겼기 때문이다. 예수는 이미 베타니아의 가족과 관계를 맺고 있었다. 관계를 맺고 있었다는 것은 예수가 이 가족 안에서 드라마의 대단원으로, 즉 라자로의 부활로 나아갈 모든 것을 준비시켰다는 이야기일 뿐이다. 라자로는 예수의 제자이다. 라자로는 예수가 언젠가 그에게서 부활을 실행할 것이라고 확실히 마음먹은 제자이다. 부활 드라마의 대단원은 정신적인 것을 계시하는 비유적 전개였다. 인간은 "죽어서 태어나라"는 말을 이해해야 할 뿐 아니라, 그 말을 정신적-실제적 행위로 직접 실행해야 했다. 고차적 인간이 신비들의 의미에서 부끄러워해야 하는 현세적인 것은 끝이 나야 했다. 현세의 인간은 비유적-현실적인 최후를 마쳐야 했다. 그런 다음에 육체가 사흘 내내 몽유병 같은 잠에 빠

졌다는 것은, 일어난 삶의 변화의 정도에 비하면 바로 훨씬 더 의미심장한 정신적 사건이 부합하는 외면적 사건으로만 설명될 수 있다. 그러나 이 행위는 신비가의 삶을 두 부분으로 나누는 체험이기도 했다. 그런 행위의 고차적인 내용을 생생하게 알지 못하는 사람은 그런 행위를 이해할 수 없다. 그런 사람에게 그 행위를 이해시키는 것은 비교를 통해서만 가능하다. 셰익스피어가 쓴 《햄릿》의 내용 전체는 몇 마디 말로 요약된다. 그 몇 마디를 얻게 된 사람은 어떤 의미에서 자기가 《햄릿》의 내용을 알고 있다고 말할 수 있다. 논리적으로도 그는 햄릿의 내용을 알고 있다. 그러나 셰익스피어 작품의 대단히 풍부한 줄거리 전체를 받아들이는 사람은 그 내용을 다르게 안다. 어떤 단순한 묘사로 대체될 수 없는 삶의 내용이 그의 영혼을 관통했기 때문이다. 햄릿의 관념이 그에게 예술적이고 개인적인 경험이 된 것이다. 인간의 어떤 *고차적 단계*에서는 입문과 결부된 마법 같은 의미심장한 사건을 통해 비슷한 사건이 일어난다. 인간은 자신이 정신적으로 싸워 얻는 것을 비유적으로 체험한다. "비유적"이라는 말은 여기에서 외적 사실이 감각적-실제적으로 실행되기는 하지만 그 자체로 형상이라는 뜻으로 쓰였다. 그것은 비현실적 형상이 아니라 *실제적* 형상과 관련이 있다. 현세적인 육체는 사흘 동안 정말로 죽어 있었다. 죽음에서 새 생명이 생겨난다. 이 생명이 죽음을 이겨냈다. 인간은 새 생명을 믿게 되었다. 라자로가 겪은 것이 이러했다. 예수는 그에게 부활을 준비시켰다. 그것은 비유적이면서도 실제적인 병이었다. 그것은 입문인 동시에 사흘 후에 정말로 새로운 생명으로 이어지는 병이었다.*

9   라자로는 그 일을 실행할 준비가 되어 있다. 그는 신비가의 옷을 입는다. 그는 비유적 죽음이기도 한 생기 없는 무기력 상태에 갇힌다. 그리고 예수가 온 것은 그로부터 사흘이 지난 뒤였다.

그러자 사람들이 돌을 치웠다. 예수님께서는 하늘을 우러러보시며 말씀하셨다.

"아버지, 제 말씀을 들어 주셨으니 아버지께 감사드립니다."
(요한 11,41)

아버지는 예수의 말을 들어주었다. 라자로가 위대한 인식 드라마의 대단원에 이르렀기 때문이다. 라자로가 사람이 어떻게 부활에 이르는지 깨달은 것이다. 신비의 전수가 이루어졌다. 고대 내내 사람들이 신비 전수에 대해 생각했던 것이 현실이 되었다. 그 일은 예수라는 신비의 입문 인도자를 통해서 일어났다. 이전부터 사람들은 신적인 것과의 합일을 그렇게 상상했다.

10   예수는 태곳적 전통들의 의미에서 생명의 변화라는 큰 기적을 라자로에게서 실행했다. 이로써 그리스도교는 신비에 연결되었다. 라자로는 예수 그리스도를 통해 전수자가 되었다. 이로써 라자

로는 고차 세계로 올라갈 수 있게 되었다. 그러나 그는 동시에 예수 그리스도에게서 직접 전수받은 최초의 그리스도교 전수자였다. 그가 전수를 통해 인식할 수 있게 된 것은, 자기 안에서 생생하게 살게 된 "말씀"이 예수 그리스도 안에서 인격이 되었다는 사실, 즉 그를 소생시킨 분의 인격이 실제로 자기 안에서 정신적으로 드러났다는 사실이었다. 이런 관점에서 볼 때 다음과 같은 예수의 말(요한 11,42)은 의미심장하다.

"아버지께서 언제나 제 말씀을 들어 주신다는 것을 저는 알고 있습니다. 그러나 이렇게 말씀드린 것은, 여기 둘러선 군중이 아버지께서 저를 보내셨다는 것을 믿게 하려는 것입니다."

이 말은 예수 안에 "아버지의 아들"이 살고 있으므로 예수가 인간에게서 고유한 본질을 불러일으킬 때 그 인간이 신비가가 된다는 사실이 드러난다는 것이다. 여기서 예수가 말하려는 것은, 신비 안에 생명의 의미가 감춰져 있었으며 신비가 이런 의미로 이끈다는 것이다. 예수는 살아있는 말씀이며, 그의 안에서 태곳적에 전통이었던 것이 인격이 되었다. 그리고 복음서의 저자는 이를 "그에게서 말씀이 육신이 되었다"라는 문장으로 진술하고 있다. 복음서 저자는 예수에게서 *육화한 신비*를 직접 볼 수 있다. 그리고 그런 까닭에 요한복음서는 하나의 신비이다. 그 사실들을 정신일 뿐이라고 읽어보자. 그러면 그것을 제대로 읽는 것이다. 옛 사제가 그것을 썼다면, 그는 전통적인 전례에 대해 이야기했을 것이다. 전례는 요한에게서 인격이 된다. 전례는 "예수의 삶"이 된다. 최근의 위대한 연구자 *부르크하르트* Burckhardt(《콘스탄티누스 시대》)가 신비를 두고 "결코 분명해지지 않을" 일들이라고 말하는데, 그는 바로 이렇게 명확해지는 길을 인식하지 못한 것이다. 우리가 요한복음서를 집어 들고 비유적-물체적 현실 속에서 옛 사람들이 보여준 인식 드라마를 본다면, 우리는 시선을 신비에 맞춘 것이 된다.

11   "라자로야, 이리 나오너라."는 말에서 다시 알 수 있는 외침이 있다. 그것은 현세적인 삶을 버리고 영원한 것의 현존에 대한 확신을 얻기 위해 세상에 등을 돌리는 "전수" 과정을 치르는 사람들을 이집트의 사제이자 입문 인도자들이 다시 일상의 삶 속으로 불러들이는 외침이다. 그러나 예수는 이와 함께 신비의 비밀을 공개했다. 유대인들이 그런 사건을 두고 예수를 처벌하지 않은 채 그냥 둘 수 없었다는 것은 납득할 만하다. 이는 그리스인들이 비극 작가 *아이스킬로스* Aeschylos(B.C. 525~456)가 신비의 비밀을 누설했을 때 그를 처벌하지 않을 수 없었던 것과 마찬가지다. 예수에게 중요한 것은, 라자로 입문에서 "주위에 흩어져 있는" 모든 "민족" 앞에 옛 사제의 지혜라는 의미로 신비가 감춰진 상태로만 실행될 수 있는 사건을 내세우는 것이었다. 이 입문은 "골고타의 신비"에 대한 이해의 준비를 갖추어야 했다. 그 전에는 그런 입문 사건과 함께 일어난 것에 관해, 거기에서 "본", 즉 전수받은 사람들만 뭔가를 알 수 있었다. 그러

나 이제는 "보지 않고도 믿는" 사람들도 고차 세계의 비밀에 대해 확신을 얻을 수 있어야 했다.

* 여기서 서술된 것은 실제로 사흘에 걸친 수면 상태가 필요했던 옛 입문과 연관된다. 근래의 실제적인 입문에서는 그런 경우가 없다. 근래의 입문은 옛날과는 달리 한층 의식적인 체험으로 이끈다. 그래서 입문 과정이 진행되는 동안 일상적인 의식은 결코 약화되지 않는다.

IX.

요한묵시록

1	신약성경의 마지막에는 성 요한의 비밀 계시인 묵시록이라는 특이한 문헌이 나온다. 묵시록에 담긴 신비적인 것을 알려면 첫 구절만 읽으면 된다. "예수 그리스도의 계시. 하느님께서 머지않아 반드시 일어날 일들을 당신 종들에게 보여 주시려고 그리스도께 알리셨고, 그리스도께서 당신 천사를 보내시어 당신 종 요한에게 *징표로* 알려 주신 계시입니다." (묵시 1,1) 여기에서 계시되는 것은 "*징표로 보내졌다*". 그러니까 단어의 의미는 그 자체로 받아들여져서는 안 되고, 단지 *징표*에 불과한 말뜻의 더 깊은 의미를 찾아야 한다. 그러나 많은 것이 여전히 그 "비밀스러운 의미"를 암시한다. 요한은 아시아에 있는 *일곱* 교회에 호소한다. 이것이 구체적으로 진짜 교회들을 뜻할 리는 없다. 왜냐하면 숫자 7은 바로 그 상징적 의미 때문에 선택될 수밖에 없는 성스러운 상징적 숫자이기 때문이다. 아시아 교회들의 진짜 수는 달랐을 것이다. 또한 그 숫자는 요한이 계시를 받게 되

는 과정처럼 신비적인 것을 가리킨다. "어느 주일에 나는 *성령*께 사로잡혀 내 뒤에서 나팔 소리처럼 울리는 큰 목소리를 들었습니다. 그 목소리가 이렇게 말하였습니다. '네가 보는 것을 책에 기록하여 일곱 교회에 보내라.'"(묵시 1,10-11) 이와 같이 그것은 요한이 성령으로 얻은 계시와 관련이 있다. 그리고 그것은 *예수 그리스도*의 계시이다. 예수 그리스도를 통해 세상에 계시된 것은 비밀의 의미에 싸여 나타난다. 그러니까 그런 비밀의 의미는 그리스도의 가르침 안에서 찾아야 한다. 이런 계시와 일반적인 그리스도교의 관계는 예수 탄생 이전 시대에 신비 계시와 토속종교 사이에 있던 관계와 같다. 이로써 이 묵시록을 신비로 다루려는 시도는 정당성이 있는 것처럼 보인다.

2   묵시록은 일곱 교회에 호소한다. 이것은 무슨 말인가? 그 의미를 알기 위해서는 메시지들 중 하나만 끄집어내면 된다. 첫 번째 메시지는 이렇게 말한다.

"에페소 교회의 천사에게 써 보내라. '오른손에 일곱 별을 쥐고 일곱 황금 등잔대 사이를 거니는 이가 이렇게 말한다. 나는 네가 한 일과 너의 노고와 인내를 알고, 또 네가 악한 자들을 용납하지 못한다는 것을 안다. 사도가 아니면서 사도라고 자칭하는 자들을 시험하여 너는 그들이 거짓말쟁이임을 밝혀냈다. 너는 인내심이 있어서, 내 이름 때문에 어려움을 겪으면서도 지치는 일이 없었다. 그러나 너에게 나무랄 것이 있다.

너는 처음에 지녔던 사랑을 저버린 것이다. 그러므로 네가 어디에서 추락했는지 생각해 내어 회개하고, 처음에 하던 일들을 다시 하여라. 네가 그렇게 하지 않고 회개하지 않으면, 내가 가서 네 등잔대를 그 자리에서 치워 버리겠다. 그러나 너에게 좋은 점도 있다. 네가 니콜라오스파의 소행을 싫어한다는 것이다. 나도 그것을 싫어한다. 귀 있는 사람은 성령께서 여러 교회에 하시는 말씀을 들어라. 승리하는 사람에게는 내가 하느님의 낙원에 있는 생명 나무의 열매를 먹게 해 주겠다.'" (묵시 2,1-7)

이것은 첫 번째 교회의 천사에게 보낸 메시지이다. 사람들이 교회의 영이라고 생각해야 할 천사는 그리스도교에 미리 정해져 있는 길 위에 있다. 그 천사는 그리스도교의 거짓 신봉자를 참된 신자와 구별할 수 있다. 천사는 그리스도인이고자 한다. 그래서 천사는 자기 일의 근거를 그리스도의 이름에 두었다. 그러나 그 천사는 어떤 오류가 있더라도 첫째가는 사랑에 이르는 길을 막지 말라는 요구를 받는다. 천사는 오류로 인해 잘못된 방향을 추구할 가능성이 있다고 꾸지람을 듣는다. 신적인 것에 이르기 위한 길은 예수 그리스도를 통해 미리 정해져 있다. 사람들이 이미 주어진 첫 번째 자극에서 더 나아가는 데는 인내가 필요하다. 또한 올바른 의미를 파악했다고 성급하게 잘못 생각할 수도 있다. 그런 일이 일어나는 것은, 그리스도를 통해 그 길의 한 부분을 안내 받고도 이 안내자에 대한 잘못된 표상에 빠짐으로써 안내자를 버리고 떠날 때이다. 그렇게 되면 저급한 인간적인 것으로 다시 되돌아간다. 그러면 "첫째가는 사랑"에서 멀어진다. 감각적-지성적인 것에 의지하는 지식은 지혜를 향해 정신적인 것으로 승화됨으로써, 즉 신격화됨으로써 고차 영역으로 높여진다. 지식은 이렇게 높여지지 않으면 그대로 무상한 것으로 머문다. 예수 그리스도는 영원한 것에 이르는 길을 가르쳐주었다. 지식은 신격화로 나아가는 길을 줄기차게 추구해야 한다. 지식을 지혜로 완전히 바꾸는 흔적들을 사랑 안에서 좇아야 한다. 니콜라오스파는 그리스도교를 너무 가볍게 여긴 한 종파였다. 그들은 단 한 가지, 즉 그리스도가 신적인 말씀, 즉 인간에게서 태어나는 영원한 지혜라는 것만 보았다. 그래서 그들은 인간의 지혜가 신적 말씀이라고 결론지었다. 그 결론에 따르면, 세상에서 신적인 것을 실현하기 위해서는 인간의 지식을 추구하기만 하면 되었다. 그러나 그리스도교의 지혜의 의미는 그런 식으로 설명될 수 없다. 처음에 인간의 지혜인 지식은 우선 신적 지혜로 바뀌지 않으면 다른 모든 것과 마찬가지로 무상하다. "성령"은 에페소 교회의 천사에게 "그대는 그렇지 않다"고 말한다. 그대는 인간의 지혜만 주장한 게 아니었다. 그대는 인내하며 그리스도교의 길에 발을 들여놓았다. 그러나 그대는 목표에 도달할 때 매우 강렬한 사랑이 필요하다는 것을 생각해야만 한다. 이를 위해서는 모든 사랑을 훨씬 능가하는 사랑이 필요하다. 그런 사랑만이 "첫째가는 사랑"이다. 신적인 것에 이르는 길은 끝이 없는 길이다. 그리고 첫 번째 단계에 도달하면, 그것이 점점 더 높은 단계로 올라가기 위한 준비일 수 있을 뿐임을 이해해야 한다. 이와 함께 메시지들을 어떻게 해석할 수 있는지가 첫 번째 메시지에서 제시되었다. 다른 메시지들의 의미도 이와 유사하게 찾아낼 수 있다.

3   요한은 돌아섰을 때 "일곱 개의 황금 등잔대"를 보았다. "황금 등잔대가 일곱 개 있고, 그 등잔대 한가운데에 사람의 아들 같은 분이 계셨습니다. 그분께서는 발까지 내려오는 긴 옷을 입고 가슴에는 금 띠를 두르고 계셨습니다. 그분의 머리와 머리털은 흰 양털처럼 또 눈처럼 희고 그분의 눈은 불꽃 같았습니다."(묵시 1,12-14) 우리는 "일곱 등잔대는 일곱 교회이다"라는 것을 알게 된다(묵시 1,20). 이것은 등잔대들이 신적인 것에 도달하기 위한 일곱 개의 각기 다른 길이라는 것을 말한다. 그것들은 모두 다소 불완전하다. 그리고 사람의 아들은 "오른손에 일곱 별을 쥐고 계셨다"(묵시 1,16). "일곱 별은 일곱 교회의 천사들이다."(묵시 1,20) 신비의 지혜에서 알게 된 "이끄는 영들"(데몬)은 여기에서 "교회들"을 이끄는 천사들이 되었다. 이 교회들은 여기에서 정신 존재들을 위한 몸들로 소개된다. 그리고 천사들은 인간 영혼이 인간 육체를 이끄는 힘인 것과 마찬가지로 이 "몸들"의 영혼들이다. 교회들은 불완전한 가운데 신적인 것에 이르는 길이다. 그리고 교회 영혼들은 이 길에서 인도자들이 될 것이었다. 나아가 교회 영혼들 스스로 그렇게 되어야, 교회 영혼들을 위한 인도자가 오른손에 "일곱 별"을 쥔 존재가 된다.

"입에서는 날카로운 쌍날칼이 나왔습니다. 또 그분의 얼굴은 한낮의 태양처럼 빛났습니다."(묵시 1,16)

이 칼은 신비의 지혜에도 있었다. 전수받을 자는 "빼낸 칼"에 깜짝 놀랐다. 이것은 신적인 것의 경험에 도달하려는 사람이 이르게 되는 상태를 가리킨다. 지혜의 "얼굴"이 그에게 "한낮의 태양처럼 광휘로 빛나도록" 말이다. 요한도 그런 상태를 거친다. 그런 상태는 요한의 강함을 시험하는 시련이 될 것이다.

"나는 그분을 뵙고, 죽은 사람처럼 그분 발 앞에 엎드렸습니다. 그러자 그분께서 나에게 오른손을 얹고 말씀하셨습니다. '두려워하지 마라.'"(묵시 1,17)

전수받을 자는 인간이 보통 죽음을 통과할 때에만 하게 되는 체험들을 거쳐야 한다. 인간을 이끄는 그자는 탄생과 죽음이 의미가 있는 영역들을 넘어서야 한다. 신비전수자는 새로운 생명의 길을 걷고, "나는 죽었지만, 보라, 영원무궁토록 살아 있다. 나는 죽음과 저승의 열쇠를 쥐고 있다."(묵시 1,18) 요한은 이와 같이 준비되어 현존의 비밀로 인도된다.

"그 뒤에 내가 보니 하늘에 문이 하나 열려 있었습니다. 그리고 처음에 들었던 그 목소리, 곧 나팔 소리같이 울리며 나에게 말하던 그 목소리가, '이리 올라오너라. 이다음에 일어나야 할 일들을 너에게 보여 주겠다.' 하고 말하였습니다." (묵시 4,1)

교회들의 일곱 성령에게 보내는 메시지들은, 그리스도교에 길을 마련해주기 위해 감각적-물질적 세계에서 무슨 일이 일어나야 하는지 요한에게 알려준다. 요한이 "성령으로" 알아보는 그 다음의 일은 그를 사건들의 정신적 근원으로 이끈다. 그 근원은 물질적 발달 뒤에 감춰져 있지만, 물질적 발달을 통해 인도되어 바로 다음의 정신화된 시대로 오게 될 것이다. 전수자는 미래에 일어날 일을 현재 정신적으로 체험한다.

"나는 곧바로 성령께 사로잡히게 되었습니다. 하늘에는 또 어좌 하나가 놓여 있고 그 어좌에는 어떤 분이 앉아 계셨습니다. 거기에 앉아 계신 분은 벽옥과 홍옥같이 보이셨고, 어좌 둘레에는 취옥같이 보이는 무지개가 있었습니다."(묵시 4,2-3)

이와 함께 감각 세계의 근원은 예언자에 어울리게 옷을 입은 모습들로 묘사된다.

"그 어좌 둘레에는 또 다른 어좌 스물네 개가 있는데, 거기에는 흰옷을 입고 머리에 금관을 쓴 원로 스물네 명이 앉아 있었습니다."(묵시 4,4)

지혜의 좁은 길에서 멀리 앞서 간 실체들은 현존의 근원을 둘러싸고, 그 무한한 실체를 보며 그것을 증언한다.

"그리고 어좌 한가운데와 그 둘레에는 앞뒤로 눈이 가득 달린 네 생물이 있었습니다. 첫째 생물은 사자 같고 둘째 생물은 황소 같았으며, 셋째 생물은 얼굴이 사람 같고 넷째 생물은 날아가는 독수리 같았습니다. 그 네 생물은 저마다 날개를 여섯 개씩 가졌는데, 사방으로 또 안으로 눈이 가득 달려 있었습니다. 그리고 밤낮 쉬지 않고 외치고 있었습니다. '거룩하시다, 거룩하시다, 거룩하시다, 전능하신 주 하느님 전에도 계셨고 지금도 계시며 또 앞으로 오실 분!'"(묵시 4,6-8)

네 생물이 감각적인 생명 형태의 근간을 이루는 초감각적 생명을 의미한다는 것을 깨닫는 것은 어렵지 않다. 그것들은 나중에 나팔 소리가 울릴 때, 즉 감각적 형태들에 새겨진 생명이 정신적인 것으로 바뀌었을 때 목소리를 높인다.

4   어좌에 앉은 분의 오른 손에는 최고의 지혜에 이르는 방법이 적혀 있는 책이 들려 있다(묵시 5,1). 이 책을 펴기에 합당한 자는 단 한 분뿐이다.

"보라, 유다 지파에서 난 사자, 곧 다윗의 뿌리가 승리하여 일

곱 봉인을 뜯고 두루마리를 펼 수 있게 되었다."(묵시 5,5)

이 두루마리 책에는 일곱 봉인이 있다. 인간의 지혜는 일곱 가지다. 인간의 지혜가 일곱 가지라고 말하는 것은 다시 7이라는 수의 신성함과 관련이 있다. 필론의 신비의 지혜는 사건들에 표현되는 영원한 세계사유를 봉인이라고 칭한다. 인간의 지혜는 이 창조사유를 추구한다. 그러나 창조사유와 함께 봉인된 두루마리 책에 처음으로 신적 진리가 등장한다. 우선 창조의 기본사유가 드러나고 봉인들이 열려야 한다. 그러면 무엇이 두루마리 책에 적혀 있는지 분명해질 것이다. 사자인 예수는 봉인을 뜯을 수 있다. 예수는 창조사유에 하나의 방향을, 즉 창조사유들을 관통하여 지혜에 이르는 방향을 제시했다. 살해되었고 하느님이 당신의 피로 사들이는 어린양, 즉 그러니까 최고의 의미에서 생사의 신비를 통과한 그리스도를 자기 안에 가져온 예수가 이 두루마리 책을 펼친다(묵시 5,9-10). 그리고 생물들은 각각의 봉인에서 자신들이 알고 있는 것을 설명한다(묵시 6). 첫 번째 봉인을 뜯을 때 요한에게는 활을 든 기사가 타고 있는 흰말 한 마리가 보인다. 창조사유의 화신인 첫 번째 세계 지배자가 분명히 보인다. 그것을 새로운 기사, 즉 그리스도교가 적절한 방향으로 데려간다. 다툼은 새로운 믿음을 통해 누그러진다. 두 번째 봉인을 뜯을 때 보이는 붉은 말에 또 기사가 앉아있다. 그 기사는 인류가 조심성 없는 행동으로 신적인 것의 돌봄을 소홀히 하도록 땅에 대한 두 번째 세계 지배권인 평화를 거두어 간다. 세 번째 봉인을 뜯자, 정의의 세계 지배자가 그리스도교의 안내를 받아 모습을 보인다. 네 번째 봉인을 뜯었을 때에는 그리스도교를 통해 새로운 외관을 부여 받는 종교적 힘이 나타난다. 이를 통해 네 생물의 의미는 모습을 드러낸다. 네 생물은 그리스도교를 통해 새로운 지휘권을 얻을 네 가지 세계 지배권으로, 전쟁은 사자가, 평화의 일은 황소가, 정의는 인간의 얼굴을 한 존재가, 종교적 도약은 날아가는 독수리가 맡을 것이었다. 세 번째 존재의 의미는 세 번째 봉인을 열 때 "밀 한 되가 하루 품삯이며 보리 석 되가 하루 품삯이다"라는 말이 들리고, 말에 탄 기사가 그때 손에 저울을 들고 있다는 데서 해명된다. 그리고 네 번째 봉인을 뜯을 때 말에 탄 이가 모습을 드러내는데, 그의 이름은 "죽음이었고, 그 뒤에는 저승이 따르고 있었다." 종교적 정의는 이 "말에 탄 이"이다(묵시 6,6-7).

5 그리고 다섯 번째 봉인을 뜯자, 그리스도교의 의미에서 이미 활동한 이들의 영혼들이 나타난다. 그리스도교에서 구현된 창조 사유 자체가 여기에서 나타난다. 그러나 이 그리스도교는 처음에 다른 창조물 형태들처럼 무상한 첫 번째 그리스도교 공동체를 의미할 뿐이다. 여섯 번째 봉인이 열린다(묵시 7). 그리스도교의 정신세계가 영원한 것임이 드러난다. 민족은 그리스도교 자체가 태동한 이 정신세계로 가득 찬 것처럼 보인다. 민족은 자기 자신의 창조를 통해 신성해졌다.

"나는 인장을 받은 이들의 수가 십사만 사천 명이라고 들었습

니다. 인장을 받은 이들은 이스라엘 자손들의 모든 지파에서 나온 사람들이었습니다."(묵시 7,4)

그들은 그리스도가 있기 전에 영원한 것을 준비했고 그리스도의 자극을 통해 변화된 사람들이다. 그 결과 일곱 번째 봉인이 열린다. 세상의 *참된* 그리스도교가 실제로 어떻게 되어야 하는지 볼 수 있게 된다. "하느님 앞에 서 있는"(묵시 8,2) 모습으로 등장하는 일곱 천사이다. 이 일곱 천사는 다시 옛 신비관을 그리스도교적으로 번역한 정신 존재들이다. 그러니까 그들은 *참*으로 그리스도교적인 방식으로 신의 직관에 이르는 정신 존재들이다. 그러므로 이제 실행되는 것은 심지어 하느님에게 인도해가는 것이다. 그것이 요한에게 주어지는 "전수"이다. 그것의 예고에는 전수 때 필요한 징표들이 동반된다. 첫 번째 천사가 나팔을 불자, "피가 섞인 우박과 불이 생겨나더니 땅에 떨어졌습니다. 그리하여 땅의 삼분의 일이 타고 나무의 삼분의 일이 타고 푸른 풀이 다 타버렸습니다."(묵시 8,7) 그리고 다른 천사들이 나팔을 불며 예고할 때에도 비슷한 일이 일어난다.

여기에서 옛 의미에서의 전수뿐만 아니라 옛 것을 대신할 새로운 전수 또한 말하고 있음을 알 수 있다. 그리스도교는 소수의 선택된 이들을 위한 옛 신비들과는 달라야 했다. 그리스도교는 인류 전체를 위한 것이어야 했다. 그리스도교는 한 민족의 종교여야 했다. 진리는 "들을 귀가 있는" 모든 이를 위해 마련되어 있어야 했다. 옛 신비가들은 수많은 사람들 중에서 선발되었다. 그리스도교의 나팔들은 듣고 싶어 하는 모든 이를 위해 울려 퍼진다. 가까이 오는 것은 각자의 일이다. 그러나 그런 까닭에 이런 인류의 전수에 수반되는 전율 역시 엄청나게 고조되는 것처럼 보인다. 땅과 그 땅의 주민들이 먼 미래에 어떻게 될지는 요한의 전수에서 드러난다. 그 근저에는 전수자가 볼 때 저급한 세계의 경우 미래에나 실현되는 것이 고차 세계들에서는 예견될 수 있다는 생각이 있다. 일곱 개의 메시지는 오늘날 그리스도교의 의미를 나타내고, 일곱 봉인은 지금 그리스도교를 통해 미래를 준비하는 것을 나타낸다. 미래는 비전수자에게는 감춰지고 봉인되어 있다. 미래는 전수로 봉인이 풀린다. 일곱 메시지가 유효한 지상의 시간이 지나면 더 정신적인 시간이 시작될 것이다. 그러면 삶은 더 이상 감각적 형태들에서 보이는 것처럼 흘러가지 않고, 외면상으로도 삶의 초감각적 형상들을 모사한 초상이 될 것이다. 이러한 초감각적 형상들은 네 가지 생물과 나머지 봉인 형상들을 통해 제시된다. 그러면 훨씬 먼 미래에는 전수자에게 있어서 나팔들을 통해 체험할 수 있는 땅의 저 형태가 나타날 것이다. 그리하여 전수자는 무슨 일이 일어날지 예지적으로 경험한다. 그리고 그리스도교적 의미에서의 전수자는 그리스도 자극이 지상의 삶에 어떻게 개입하고 계속 영향을 미치는지 경험한다. 그리고 진정한 그리스도교에 도달하기 위해 무상한 것에 지나치게 집착하는 모든 것이 죽음을 어떻게 여겼는지 드러난 후, 큰 능력을 지닌 천사가 작은 두루마리를 펴 들고 나타나 요한에게 건넨다.

"그가 나에게 말하였습니다, '이것을 받아 삼켜라. 이것이 네 배를 쓰리게 하겠지만 입에는 꿀같이 달 것이다.'"(묵시 10,9)

그러니까 요한은 작은 두루마리에 적힌 것을 읽을 뿐만 아니라 완전히 자기 안에 받아들여야 한다. 그는 그 내용에 완전히 사로잡힐 것이다. 인간이 아주 생생하게 그 내용에 사로잡히지 않는다면 모든 인식이 다 무슨 소용인가. 삶은 지혜가 되어야 한다. 인간은 신적인 것을 인식하는 것이 아니라, 인간이 신격화될 것이다. 두루마리에 적혀 있는 것과 같은 그런 지혜는 아마도 무상한 본성을 괴롭힐 것이다. "이것이 네 배를 쓰리게 할 것이다." 그러나 그 지혜는 영원한 본성을 그만큼 더 기쁘게 한다. "그러나 입에는 꿀같이 달 것이다." 그런 신비 전수를 통해서만 그리스도교는 땅에서 현재화가 될 수 있다. 그리스도교는 저급한 본성에 속하는 모든 것을 죽인다.

"그들의 주검은 그 큰 도성의 한길에 내버려질 것입니다. 그 도성은 영적으로 소돔이라고도 하고 이집트라고도 하는데, 그곳에서 그들의 주님도 십자가에 못 박히셨습니다."(묵시 11,8)

여기에서 말하는 것은 그리스도를 믿는 신봉자들이다. 그들은 무상한 것의 세력에게 박해를 받을 것이다. 그러나 박해 받게 될 것은 인간 본성의 무상한 부분들뿐이고, 그렇게 되면 그들은 참된 실체들로 그 무상한 부분들에 승리를 거두었을 것이다. 이와 함께 그들의 운명은 예수 그리스도의 본보기가 되는 운명을 그대로 따르는 게 된다. "영적으로 소돔과 고모라"는 외적인 것을 고수하며 그리스도 자극을 통해서 바뀌지 않는 삶에 대한 상징이다. 그리스도는 저급한 본성이 있는 어디에서나 십자가에 못 박혔다. 저급한 본성이 승리하는 곳에서는 모든 것이 계속 죽은 상태로 있다. 인간들은 시체가 되어 도시들의 광장을 덮는다. 그런 것을 극복할 사람들, 십자가에 못 박힌 그리스도를 부활하게 할 사람들, 그런 사람들은 일곱 번째 천사의 나팔 소리를 듣는다.

"세상 나라가 우리 주님과 그분께서 세우신 그리스도의 나라가 되었다. 주님께서 영원무궁토록 다스리실 것이다."(묵시 11,15)

"그러자 하늘에 있는 하느님의 성전이 열리고 성전 안에 있는 하느님의 계약 궤가 나타났다."(묵시 11,19)

이런 사건들을 직관하면, 전수자는 저급한 본성과 고차적 본성의 오래된 투쟁이 되살아난다. 왜냐하면 전수받을 자가 예전에 겪어야 했던 모든 것이 그리스도교적인 길들을 바꾸는 사람에게서 반복되어야 하기 때문이다. 옛날에 오시리스가 악한 티폰에게 위협당했던 것처럼 지금도 여전히 "그 큰 용, 그 옛날의 뱀"(묵시 12,9)은 제압되어야 한다. 인간 영혼인 여자는 지혜가 있는 곳에 오르지 못하면 반대되는 힘인 저급한 지식을 낳는다. 인간은 이 저급한 지식을 지나가야 한다. 묵시록에서 이 저급한 지식은 "옛날의 뱀"으로 등장한다. 옛날부터 모든 신비적 지혜에서는 뱀이 인식의 상징이었다. 인간은 뱀의 머리를 짓밟는 하느님의 아들을 낳지 못할 때 이 뱀에 의해, 즉 인식에 의해 그릇된 길로 이끌릴 수 있다.

"그리하여 그 큰 용, 그 옛날의 뱀, 악마라고도 하고 사탄이라고도 하는 자, 온 세계를 속이던 그자가 떨어졌습니다. 그가 땅으로 떨어졌습니다. 그의 부하들도 그와 함께 떨어졌습니다."(묵시 12,9)

이 말들을 통해 그리스도교가 무엇이고자 하는지 알 수 있다. 그것은 새로운 형태의 전수이다. 신비에서 달성된 것이 새로운 형태로 성취되어야 했다. 왜냐하면 신비에서도 뱀은 제압되어야 하기 때문이다. 그러나 그런 일이 예전처럼 일어나서는 안 되었다. 많은 신비의 자리에 일자一者, 근원적 신비, 그리스도교적인 신비가 들어서야 했다. 로고스가 육신이 된 예수는 인류 전체의 입문자가 되어야 했다. 그리고 이 인류는 그 입문자 자신의 공동체가 되어야 했다. 선택 받은 자들의 격리가 아니라 모든 사람들의 결합이 일어나야 했다. 그 결합의 성숙에 비례하여 누구나 신비가가 될 수 있어야 했다. 메시지는 모두에게 울려 퍼진다. 메시지를 들을 귀가 있는 자는 그 비밀들을 들으려고 서둘러온다. 각각의 개인들의 경우에는 심장의 소리가 결정할 것이다. 이 사람 또는 저 사람을 신비의 신전 안으로 데리고 들어가는 것이 아니라, 말씀이 모두에게 말해져야 했다. 그러면 어떤 사람은 그 말씀을 덜 강렬하게 듣고, 또 어떤 사람은 더 강렬하게 들을 수 있다. 인간이 얼마나 신비를 전수받을 수 있는지는 인간 자신의 가슴 속 천사인 데몬에게 맡겨진다. 세계 전체가 신비의 신전이다. 특별한 신비의 신전들에서 영원한 것을 보증해줄 놀라운 일들을 *보는* 저들만 복된 것이 아니다. "보지 않고도 *믿는* 이들은 복되다." 그들이 처음에는 어둠 속에서 위태롭게 걸을지라도, 아마도 빛이 그들에게 갈 것이다. 누구의 어떤 것도 숨겨지지 않을 것이다. 길은 누구에게나 열려있을 것이다. 그 다음에 묵시록이 계속 생생하게 묘사하는 것은 그리스도적인 것과 반그리스도적인 것에 대해 겁줄 수 있는 위험들과, 그럼에도 불구하고 그리스도적인 것이 어떻게 승리를 거둘 수밖에 없는가 하는 것이다. 다른 모든 신은 그리스도교의 신성함에 동화된다.

"그 도성은 해도 달도 비출 필요가 없습니다. 하느님의 영광이 그곳에 빛이 되어 주시고 어린양이 그곳의 등불이 되어 주시기 때문입니다."(묵시 21,23)

신비가 더 이상 감춰져 있지 않을 것이라는 것이 "성 요한의 계시"의 신비이다.

"천사가 또 나에게 말하였습니다. '이 책에 기록된 예언 말씀을 봉인하지 마라. 그때가 다가왔기 때문이다.'"(묵시 22,10)

하나의 믿음을 위한 묵시록의 저자는 자신의 교회와 옛 교회들과의 관계보다 무엇을 위에 두었을까. 그는 그것을 설명했다. 그는 심지어 정신적 신비 안에서 신비 자체에 관해 자신의 생각을 말하려 했다. 파트모스 섬에서 저자는 자기의 신비를 글로 적었다. 그는 동굴에서 "계시"를 받았다고 한다. 이 보고에서는 심지어 계시의 신비성이 표현되었다. 그러니까 신비에서 그리스도교가 태동한 것이다. 그리스도교의 지혜는 묵시록에서 심지어 신비로 태어난다. 하지만 옛 신비 세계의 틀을 넘어서려는 신비로 태어난다. 개별적 신비는 보편적 신비가 되어야 한다. 여기에서 신비의 비밀들이 그리스도교를 통해 명백해졌다고 말하는 것과, 그 다음에 다시 묵시론자가 정신적 직관을 체험할 때 그리스도교의 신비를 본다는 것에서 모순을 찾을 수 있을 것이다. 이 모순은 옛 신비의 비밀들이 팔레스타인의 사건들을 통해 명백해졌다는 점을 생각하자마자 풀린다. 이로써 예전에 신비들에 감춰져 있었던 것이 드러났다. 이제는 그리스도의 출현으로 세계 발전에 끼워 넣어진 것이 새로운 신비이다. 옛 전수자는 정신 세계에서 세계 발전이 여전히 "감춰진 그리스도"를 가리킨다는 것을 체험했다. 반면에 그리스도교적 전수자는 "드러나 있는 그리스도"의 감춰진 활동을 체험한다.

X.

예수, 그리고 그의 역사적 배경

1   신비의 지혜에서는 그리스도교의 정신이 싹튼 토대를 찾아 볼 수 있다. 그리스도교에 필요한 것은, 그리스도교의 정신을 *삶*에 도입하는 일이 신비의 존재 자체를 통해 일어나는 것보다 더 고차적으로 이루어져야 한다는 기본 신념이 만연한 것뿐이었다. 그런데 그런 기본 신념 역시 널리 존재했다. 그리스도교의 생성 이전에 오랫동안 존재했던 에세네파 신도들과 치료사들의 생활양식을 볼 필요가 있다. 에세네파는 고립된 팔레스타인 종파였는데, 그리스도가 살았던 시대에 그 수가 4천 명에 달한 것으로 평가된다. 그들이 형성한 공동체는 회원들에게 영혼 안에서 고차적 자아를 계발하고 그럼으로써 부활을 불러올 삶을 영위할 것을 요구했다. 공동체에 들어오려는 사람은 또한 고차적 삶을 준비가 무르익어 있는지 엄격한 검증을 받아야 했다. 회원으로 입회한 사람은 수습기간을 거쳐야 했다. 이방인들에게 생활방식의 비밀을 누설하지 않겠다는 엄숙한 서약도 해

야 했다. 생활 자체는 인간에게 잠들어 있는 정신이 점점 더 깨어나도록 인간의 저급한 본성을 억누르는 데 적합했다. 정신이 특정한 단계에까지 도달한 것을 체험한 사람은 교단에서 더 높은 계급으로 올라갔다. 그리고 그런 사람은 외적으로 강요 받지 않고 기본 신념상 자연히 제약되는 합당한 권위를 누렸다. 이집트에 거주하는 치료사들은 에세네파와 유사했다. 그들의 생활방식에 관해서는 철학자 필론의 글《관상 생활에 관하여》를 통해 온갖 바람직한 설명을 얻을 수 있다. (이 글의 진위 여부를 두고 벌어지는 논쟁은 오늘날 매듭지어진 것으로 보고, 필론이 사실상 그리스도교가 생겨나기 오래 전부터 현존하고 있으며 그도 아마 알고 있었을 공동체의 삶을 묘사했다는 가정은 정당하다고 보아야 한다. (이에 대해서는 미드G. R. Mead의《어느 실종된 신앙의 단편들Fragmente eines verschollenen Glaubens》, Leipzig 1902 참조.) 무엇이 문제였는지 알려면 이 글의 각각의 구절들만 대면하면 된다.

"공동체 회원들의 집은 소박하기 그지없다. 고작 지독하게 뜨거운 열기와 아주 심한 추위를 막는 데 꼭 필요한 정도일 뿐이다. 집들은 도시에서처럼 닥지닥지 붙어있지 않다. 고독을 찾는 누군가에게 이웃은 별로 매력적이지 않기 때문이다. 그들이 서로 떨어져 있는 거리는 그들의 마음에 드는 사교적 관계들이 어렵지 않을 만큼이고, 또 강도의 습격이 있을 때 도움을 쉽게 받을 수 있을 만큼이다. 집집마다 그들이 고차적 *삶*의 신비에 전념하는 신전이나 모나스테눔이라고 불리는 신성한 공간, 작은 방이나 골방 또는 독방이 있다. … 그들은 또한 한때 학파를 이끌었고 비유적인 글들에 으레 나타나는 방법들에 관한 수많은 설명들을 남긴 옛 저자들의 작품도 갖고 있다. … 그들에게 있어서 신성한 글들에 대한 해석은 비유적 이야기들의 보다 *깊은 의미*에 초점이 맞추어져 있다."

한층 협의적인 영역의 신비에서도 추구된 것에 대한 일반화가 문제였음을 이제는 안다. 다만 엄격한 특성이 그런 일반화를 통해 약화될 것은 물론이다. 에세네파와 치료사 공동체들은 신비로부터 그리스도교로 넘어가는 자연스러운 이행을 겪는다. 그러나 그리스도교는 종파들의 사안이 되었던 것을 인류의 문제로 만들려고 했다. 이를 통해 엄격한 특성이 더 약화될 수 있는 토대가 마련된 것은 물론이다.

2   그런 종파들이 있었다는 것을 통해 그 당시 그리스도교 신비를 이해할 준비가 얼마나 되어 있었는지 알게 된다. 신비들에서 인간은 고차적 정신세계가 영혼의 상응하는 단계에서 열리도록 인위적으로 준비되어 있었다. 에세네파와 치료사 공동체들 내에서 영혼은 상응하는 생활방식을 통해 "고차적 인간"의 소생을 준비하려고 했다. 그 다음에 내딛을 걸음은, 반복되는 지상의 삶에서 인간 개별성이 점점 더 높은 단계의 완전함으로 발전했을 수 있다고 예상하기로 결심하는 것이다. 그런 것을 예상할 수 있는 사람은 예수에게서 고차적

정신성을 지닌 개별성이 나타났다는 것도 느낄 수 있었다. 정신성이 높으면 높을수록 뜻깊은 것을 수행할 가능성은 더 크다. 그리고 이렇게 예수 개별성이 능히 수행할 수 있게 된 행위를 복음서들은 요한의 세례 사건에서 대단히 신비롭게 암시하고 있으며, 또 복음서들이 그것을 언급하는 방식을 통해 아주 분명히 가장 중요한 것이라고 부른다. 예수라는 인격은 능히 자기의 영혼에 그리스도, 즉 로고스를 받아들일 수 있었다. 그래서 로고스는 예수라는 인격에서 육신이 되었다. 이렇게 받아들인 이후 나사렛 예수의 "자아"는 그리스도이고, 외면적인 인격은 로고스를 운반하는 담지자이다. 예수의 "자아"가 그리스도가 되는 이 사건은 요한의 세례를 통해 묘사되었다. 비의秘儀 시대 동안 소수의 인간들을 위한 "정신과의 합일"은 신비를 전수받을 사람들의 일이었다. 에세네파의 경우 공동체 전체는 소속 구성원들을 "합일"로 나아가게 하는 삶에 전력해야 했다. 그리스도 사건을 통해 인류 전체 앞에 중요한 일, 즉 그리스도의 행위들이 놓여 있었기에, "합일"은 인류 전체의 인식 문제가 될 수 있었다.

XI.

그리스도교의 본질에 대하여

1   신적인 것, 즉 영원한 로고스인 말씀이 그리스도교 신봉자들에게 더 이상 신비의 비밀스런 어둠 속에서 정신으로만 다가서지 않고, 그들이 이 로고스에 대해 말할 때 항상 예수라는 역사적이고 인간적인 인물을 가리켰다는 사실은 그리스도교 신봉자들에게 가장 깊은 영향을 미칠 수밖에 없었다. 그 이전의 현실 내에서는 이 로고스를 인간적 완전함의 여러 단계에서 바라보았을 뿐이다. 사람들은 그 인물의 정신 현존에서 내밀하고 미세한 차이들을 확인하고, 전수를 추구하는 개인들에게서 로고스가 어떤 형태와 수준으로 살게 되는지 볼 수 있었다. 성숙도가 더 높으면 정신적 현존의 발전단계가 더 높다고 해석할 수밖에 없었다. 이를 위한 전단계들은 이미 다한 정신활동에서 찾아야 했다. 그리고 현재의 삶은 미래의 정신적인 발전단계들의 전단계로 여길 수 있었다. 영혼의 정신적인 힘의 보존, 즉 이 힘의 영원성은 유대교 신비학(조하르 경전)의 의미에서 주장할 수

있었다.

"어떤 것도 세상에서 없어지지 않고, 어떤 것도 공허의 것이 되지 않으며, 인간의 말과 목소리조차 그렇게 되지 않는다. 모든 것은 제 자리와 제 용도가 있다."

일자로서의 인격은 인격마다 달라지는 영혼의 변형일 뿐이었다. 그 인격의 개별적인 삶은 앞쪽과 뒤쪽을 가리키는 사슬의 전개 고리로만 여겨졌다. 이렇게 변화하는 로고스는 그리스도교에 의해 개인으로부터 예수라는 *유일한* 인물에게로 인도되었다. 예전에 전 세계에 흩어져 있었던 것, 그것이 이제는 유일한 인물에게로 합일되었다. 예수는 유일한 신인神人이 되었다. 이와 함께 인간에게 가장 큰 이상으로 여겨질 수밖에 없는 *어떤 것*이 일단 예수에게서 현재화되었는데, 인간은 미래에 반복되는 삶을 통해 점점 더 그 이상과 합일될 것이다. 예수는 전 인류의 신격화를 떠맡았다. 그 전에는 자신의 영혼에서만 찾을 수 있었던 것이 예수에게서 찾아졌다. 그 인물 자체에 언제나 신적인 것으로서, 즉 영원한 것으로 존재했던 것이 인간이라는 그 인물에게서 벗어났다. 그리고 이렇게 영원한 것을 전부 예수에게서 볼 수 있었다. 영혼의 영원한 것이 죽음을 극복하고 자기 힘으로 언젠가 신적인 것으로 소생되는 것은 아니다. 그보다는 오히려 예수 안에 있는 것, 즉 유일한 하느님이 나타나 영혼을 소생시킬 것이다. 이로써 그 인물은 완전히 새로운 의미를 얻게 되었다. 그 인물은 영원한 것, 즉 불멸의 것을 빼앗겼었다. 그 인물은 그 자체로, 즉 스스로 남았다. 영원성을 부인하려는 게 아니라면 이 인물 자체에 불멸성이 있다고 여겨야 했다. 영혼의 영원한 변화에 대한 믿음은 개인의 영생에 대한 믿음이 되었다. 이 인물은 인간을 꽉 붙잡는 유일한 것이었기 때문에 끝없이 중요해졌다. 이제부터는 그 인물과 무한한 하느님 사이에 더 이상 아무것도 없다. 사람들은 하느님과 직접적인 관계를 맺어야 한다. 사람들은 고차적이든 저급하든 더 이상 스스로 신격화할 수 없었다. 사람들은 그저 인간이었고, 하느님과 직접적이긴 하지만 외면적인 관계에 있었다.

고대 신비관을 알고 있는 사람은 그것을 완전히 새로운 어조의 세계관으로 느낄 수밖에 없었다. 그리스도교의 처음 몇 백 년 동안 수많은 인물들이 아마 그런 경우였을 것이다. 그들은 신비의 형태에 대해 알고 있었다. 그들은 그리스도인이 되고자 한다면 이 옛 형태와 씨름해야 했다. 이것 때문에 그들은 가장 힘든 심적 갈등에 놓였을지 모른다. 그들은 아주 다양한 형태로 두 방향의 세계관 사이에서 균형을 찾았을 수 있다. 그리스도교의 처음 몇 백 년 동안 나온 글들은 이런 투쟁을 반영한다. 그리스도교의 숭고함에 마음이 끌리는 이교도들의 글들만이 아니라, 신비라는 방법을 포기하기 어려운 그리스도인들의 글들 역시 그러하다. 신비의 존재에서 그리스도교가 서서히 생겨난다. 그리스도교 신념들이 신비의 진리 형태로 진술된다. 신비의 지혜가 그리스도교의 옷을 입게 되는 것이다. 이교도의 교육을 받은 그리스도교의 저자 알렉산드리아의 클레멘스Clemens(150?~217)는 이에 대해 하나의 예를 든다.

"하느님은 우리가 안식일을 기념할 때 선한 일을 쉬는 것을 금지하지 않았다. 하느님은 그 진의를 이해할 수 있는 사람들에게 신적 비밀들과 신성한 빛에 함께 할 기회를 주었다. 하느님은 대중에게 알맞지 않은 것을 그들에게 드러내지 않고, 하느님 보시기에 그렇게 하는 것이 적합한 소수의 사람들에게만 계시했다. 하느님이 말로 표현할 수 없는 것에 대해 글자보다 로고스를 신뢰하는 것처럼, 소수의 그들은 그것을 이해할 수 있으며 또 그것을 좇아서 형성되는 사람들이었다. 하느님은 교회에 어떤 사람들은 사도로, 또 어떤 사람들은 예언자로, 또 어떤 사람들은 복음서 저자로, 또 어떤 사람들은 목자와 교사로 보냈는데, 그것은 성인들의 완성을 위해, 봉사의 일을 위해, 그리스도의 몸의 건설을 위해서였다."

이 인물들은 고대의 신비관으로부터 그리스도교적 신비관으로 나아가는 길을 아주 다양하게 찾으려 한다. 그리고 올바른 길에 있다고 믿는 사람은 다른 사람들을 사교를 부르짖는 이단자라고 부른다. 게다가 점점 더 교회는 외적 제도로 굳어진다. 교회가 권력을 많이 얻을수록, 교회가 공의회 결정을 통해, 즉 외적 규정을 통해 올바른 것으로 인정한 길은 개인적인 탐색을 더욱 대신하게 되었다. 교회는 교회가 보호한 신적 진리에서 누가 너무 멀리 벗어나는지 결정했다. "이단자"라는 개념은 점점 더 굳어지는 형체를 띠었다. 그리스도교의 처음 몇 백 년 동안 신적인 길을 찾는 모색은 훗날보다는 훨씬 더 개인적인 사안이었다. 그런 길을 오랫동안 간 후에야 비로소 아우구스티누스의 신념이 가능해졌다.

"가톨릭교회의 권위가 그렇게 하도록 강요하지 않는다면, 나는 복음서들의 진리를 믿지 않을 것이다."(본문 136쪽 참조)

2 신비의 방식과 그리스도교의 방식 사이의 갈등은 여러 "영지주의靈智主義" 종파들과 저자들을 통해 특별히 각인되었다. 그리스도교의 처음 몇 백 년 동안 그리스도교 교의들의 보다 깊은 정신적 의미를 추구한 모든 저자들은 영지주의자로 볼 수 있다. (앞에서 언급된 미드의 책 《실종된 신앙의 단편들》은 영지주의의 발전에 대한 탁월한 설명을 제공한다.) 옛 신비의 지혜가 이 영지주의자들에게 배어 있다고 여기고 그리스도교를 신비의 관점에서 이해하려 노력한다면, 그들을 이해할 수 있다. 그리스도는 그들에게 로고스이다. 그리스도는 우선 그 자체로 정신적이다. 그리스도는 근원적 실체로는 밖에서부터 인간에게 다가갈 수 없다. 그리스도는 영혼 안에서 소생되어야 한다. 하지만 역사적 예수는 이 정신적 로고스와 관계를 맺어야 한다. 그것이 영지주의의 근본 문제였다. 그 문제를 이 사람은 이렇게, 저 사람은 저렇게 풀고 싶어 했다. 여전히 주된 문제는, 단순한

역사적 전승이 아니라 신비의 지혜 또는 그 지혜에서 얻어지고 그리스도교의 처음 몇 백 년 동안 번성한 신플라톤주의 철학이 그리스도라는 사유의 실제적 이해로 나아가야 했다는 점이다. 사람들은 인간의 지혜를 신뢰했고, 인간의 지혜가 한 분의 그리스도를 낳을 수 있는데 여기에 역사적 그리스도가 적합할 수 있다고 생각했다. 그렇다. 한 분의 그리스도를 통해 역사적 그리스도가 비로소 이해되고 제대로 조명될 수 있다는 것이다.

3 이런 관점에서 볼 때 디오니시우스 아레오파기타Dionysios Areopagita의 저서들에 나오는 학설은 특별히 흥미롭다. 물론 이 저서들은 6세기에 처음으로 언급된다. 그러나 이 저서들에서 중요한 것은 언제, 어디에서 쓰였는가가 아니다. 그보다 중요한 것은 이 저서들이 완전히 신플라톤주의 철학의 표상 방식과 고차 세계를 보는 정신적 직관의 옷을 걸친 모습으로 그리스도교를 서술하고 있다는 점이다. 이것은 어쨌든 그리스도교의 처음 몇 백 년 동안 해당되는 표현형식이다. 옛날에는 이런 표현형식이 구술 전통으로 전해졌다. 옛날에는 가장 중요한 것을 결코 문자에 맡기지 *않았다*. 그들이 묘사하는 그리스도교는 신플라톤주의 세계관의 거울을 통해 보게 될 그리스도교라고 부를 수 있을 것이다. 감각적 지각은 인간의 정신이 직관하는 것을 방해한다. 인간은 감각적인 것을 넘어서야 한다. 그런데 인간의 모든 개념은 감각적 관찰에서 생겨났다. 감각적 인간이 관찰하는 것, 그것을 인간은 존재하는 것이라고 부른다. 인간이 관찰하지 못하

는 것, 그것을 인간은 존재하지 않는 것이라고 칭한다. 따라서 신적인 것에 대한 진정한 전망을 열어놓고자 한다면, 인간은 존재하고 존재하지 않는 것도 넘어서야 한다. 왜냐하면 존재하는 것 및 존재하지 않는 것 또한 감각 영역의 이해에서 연유하기 때문이다. 이 감각에서 하느님은 존재하지도, 존재하지 않지도 않는다. 하느님은 존재 너머에 있다. 그래서 존재하는 것과 관련이 있는 일상적인 인식 수단으로는 하느님에게 도달할 수 없다. 사람들은 자신을, 자신의 감각 관찰, 자신의 지성적 논리를 넘어서서 정신적 직관으로 가는 이행의 길을 찾아야 한다. 그리고 나면 신적인 것의 전망을 어렴풋이 느끼며 들여다볼 수 있다. 그러나 이렇게 존재 너머에 있는 신성은 세상의 지혜로운 토대, 즉 로고스를 낳았다. 인간의 저급한 힘도 로고스에 도달할 수 있다. 로고스는 하느님의 정신적 아들로서 세상에 참여하게 된다. 로고스는 하느님과 인간 사이의 중재자이다. 로고스는 여러 단계에서 인간의 현재에 참여할 수 있다. 현세의 제도는 다양한 방식으로 로고스로 충만한 인간들을 하나의 위계 조직 하에 통합시킴으로써 로고스를 실현할 수 있다. 그런 "교회"는 감각적-실제적 로고스 이다. 그리고 그 안에 살고 있는 힘은 육신이 된 그리스도, 즉 예수 안에서 몸소 살았다. 그러니까 교회는 예수를 통해 하느님과 합일되었다. 즉 교회는 자기의 취지와 의미를 예수에 둔다.

4   모든 영지주의에서 분명했던 것은, 영지주의가 예수라는 인물에 대한 관념으로 소통해야 하고, 그리스도와 예수는 하나의 관계

속에 놓여 있다는 사실이었다. 신성함은 인간이라는 인물에서 제거된 상태였다. 그 어떤 방식으로든 신성을 다시 찾아야 했다. 신성을 예수 안에서 다시 찾을 수 있어야 했다. 이 신비가는 신성을 어느 정도 지니고 있고, 그의 현세적-감각적 인물과 관련이 있다. 그리스도교도는 이 인물과는 물론, 인간이 도달할 수 있는 모든 것을 초월한 완전한 하느님과도 관련이 있었다. 이런 직관이 엄격히 고수된다면 영혼의 주된 신비적 분위기는 가능한데, 그것은 다만 영혼이 고차적인 정신적인 것을 자기 안에서 발견함으로써 정신적인 눈이 열려 예수 안의 그리스도에게서 나가는 빛이 그 눈에 이를 때뿐이다. 영혼이 그 최고의 힘들과 하나가 되는 합일은 동시에 역사적 그리스도와의 합일이다. 왜냐하면 신비주의는 자기의 영혼 안에서 신적인 것을 직접 느끼고 지각하는 것이기 때문이다. 그러나 모든 인간적인 것을 능가하는 하느님은 그 말의 진정한 의미에서 볼 때 결코 영혼 안에 거할 수 없다. 그런데 영지주의와 훗날의 모든 그리스도교 신비주의 역시 그 어떤 방식으로든 영혼 안에서 이 하느님에 관여하려고 노력하는 것을 나타낸다. 그럴 때마다 갈등이 생겨날 수밖에 없었다. 사람들은 실은 *자기의* 신적인 것만을 찾을 수 있었다. 그런데 그것은 인간적-신적인 것, 즉 특정한 발전 단계의 신적인 것이다. 그렇지만 그리스도교의 하느님은 특정한, 즉 그 자체로 완전한 하느님이다. 사람들은 하느님에게 오르려고 노력하는 힘을 자기 안에서 찾을 수 있었다. 하지만 영혼의 그 어떤 단계에서 체험한 어떤 것을 하느님과 같다고 칭할 수는 없었다. 영혼에서 인식할 수 있는 것과 그리스도교가 신적인 것이라고 칭하는 것 사이에 균열이 생겼다. 그것은 아는 것과 믿는 것 사이의, 즉 인식하는 것과 종교적으로 지각하는 것 사이의 균열이다. 옛 의미에서의 신비가에게는 이런 균열이 있을 수 없다. 왜냐하면 옛 신비가는 신적인 것을 점진적으로만 파악할 수 있음을 알지만, 자기가 왜 그렇게만 할 수 있는지도 알고 있기 때문이다. 그는 점진적으로 신적인 것에 참되고 살아있는 신적인 것이 있음을 분명히 안다. 그래서 그는 완전하고 완결된 신적인 것에 대해 말하기가 어려워진다. 그런 신비가는 결코 완전한 하느님을 인식하려 하지 않는다. 오히려 신적인 삶을 체험하려 한다. 그런 신비가는 직접 신격화되려 한다. 신성과 피상적인 관계를 맺으려 하지 않는 것이다. 그의 신비주의가 이런 의미에서 무조건적이지 않다는 것은 그리스도교의 본질에 맞다. 그리스도교 신비주의자는 자기 안에서 신성을 보려 하지만, 육안이 태양을 바라보듯이 역사적 그리스도를 바라보아야 한다. 육안이 "이 태양을 통해 나는 내 힘으로 볼 수 있는 것을 볼 거야"라고 생각하는 것처럼, 그리스도교 신비가는 이렇게 말한다. "나는 나의 내적인 것을 신적 직관에 이르도록 높이겠다. 나로 하여금 그렇게 볼 수 있게 해주는 빛은 모습을 드러낸 그리스도 안에 주어져 있다. 그리스도는 그를 통하여 내가 내 안에서 최고의 존재에게 올라갈 수 있는 *존재이다*." 중세의 그리스도교 신비주의자들은 바로 이 점에서 고대의 신비가들과 차이점을 보여준다. (필자의 책《근대 정신 활동 출현기의 신비주의Die Mystik im Aufgange des neuzeitlichen Geisteslebens》, Berlin 1901 참조.)

XII.

그리스도교와 이교적 지혜

1   그리스도교가 처음 시작되던 시기에 고대의 이교적 문화 내에서 나타나는 세계관들은 플라톤적 표상 방식의 계승으로 보이고, 또한 내면화된, 즉 정신화된 신비의 지혜로 이해될 수도 있다. 그 세계관들은 알렉산드리아의 필론Philon(B.C. 20~A.D. 50)으로부터 시작되었다. 필론이 보기에 신적인 것에 이르는 사건들은 완전히 인간 영혼의 내부로 옮겨진 것 같았다. 필론이 축성을 구하는 신비의 신전은 오직 그 자신의 내면일 뿐이고, 내면의 고차적인 체험들 자체라고 말할 수 있을 것이다. 그는 신비의 장소들에서 진행되는 절차를 순전히 정신적인 과정으로 교체한다. 그의 확신에 따르면, 감각의 직관과 논리적인 지성의 인식은 신적인 것에 이르지 못한다. 감각의 직관과 지성의 인식 둘 다 무상한 것과 관련이 있을 뿐이다. 그러나 영혼에는 이런 인식 방식을 넘어설 방법이 있다. 영혼은 자기의 일상적인 "나"라고 부르는 것에서 벗어나야 한다. 영혼은 이런 "나"에서 멀

어져야 한다. 그러면 영혼은 정신적 고양에, 즉 깨달음의 상태에 들어가게 되어, 더 이상 일상적인 의미에서 알고 생각하고 인식하지 않는다. 왜냐하면 영혼은 신적인 것과 하나가 되고, 신적인 것과 서로 섞여들기 때문이다. 신적인 것은 생각으로 형성될 수 없는, 즉 개념들로 전해질 수 없는 그런 것으로 체험된다. 신적인 것은 *체험된다*. 그리고 신적인 것을 체험하는 사람이 알고 있는 것은, 자신이 말씀에 생명을 주게 될 때 신적인 것을 그저 전달할 수 있을 뿐이라는 사실이다. 세상은 영혼의 가장 깊은 곳에서 체험하는 이 신비적 실체의 모상이다. 세상은 비가시적인, 즉 생각할 수 없는 하느님에게서 나왔다. 이 신성의 직접적인 상은 감각적 현상들이 따르는 세상의 지혜로운 조화이다. 이 지혜로운 조화는 신성을 꼭 닮은 정신적 상이다. 그것은 세상에 흘러들어간 신적인 정신이다. 즉 세계이성, 로고스, 하느님의 새싹 또는 아들이다. 로고스는 감각계와 상상할 수 없는 하느님 사이의 매개자이다. 인간은 깨달음에 완전히 사로잡히면서 로고스와 합일한다. 로고스는 인간에게서 구현된다. 발전하여 정신성에 이른 인물은 로고스의 담지자이다. 하느님은 로고스 위에 존재한다. 로고스 아래에는 무상한 세상이 있다. 그 인간은 둘 사이에 끈을 매라고 부름 받았다. 그가 자기의 내면에서 정신으로 체험하는 것은 세계정신이다. 그런 표상들을 보면 곧바로 피타고라스학파의 사유방식이 연상된다(본문 64쪽 이하 참조). 사람들은 현존의 중심을 내면생활에서 구한다. 그러나 내면생활은 우주적 효력을 자각한다. 그것은 본질적으로 필론의 것과 비슷한 표상 방식에서 나왔는데, 그것에 대해 아우구스티누스는 이렇게 말한다.

"우리가 만들어진 모든 사물들을 보는 것은 그것들이 있기 때문이다. 그러나 그 사물들은 하느님이 그것들을 보기 때문에 존재한다."

그리고 아우구스티누스는 우리가 보고 또 보게 되는 것에 관해 이렇게 특색 있게 덧붙인다.

"그리고 그것들이 존재하기 때문에, 우리는 그것들을 외적으로 본다. 또 그것들이 완전하기 때문에, 우리는 그것들을 내적으로 본다."

플라톤의 경우에도 같은 기본 개념이 있었다(본문 71쪽 이하 참조). 필론은 정확히 플라톤과 마찬가지로 인간의 영혼이 지닌 운명들에서 위대한 세계드라마의 종결을, 즉 마법에 걸린 하느님의 소생을 보았다. 필론은 영혼의 내적 행위들을 이런 말로 묘사했다. 인간 내면에 있는 지혜는 "아버지의 길을 모범으로 삼아 따라가고, 원형들을 확인하면서 형상들을 만든다." 따라서 인간이 자기 안에 형상들을 만든다면, 그것은 개인적인 일이 아니다. 이 형상들은 영원한 지혜이다. 우주적인 삶인 것이다. 그것은 민족신화들의 신비관과 일치한다. 신비가는 신화들에서 더 심오한 진리의 핵심을 찾는다(본문 95쪽 이하 참조). 그리고 신비가가 이교적 신화들을 가지고 행하는 것을 필론은 모세의 창세기로 수행한다. 그에게 있어서 구약성경의 보고들은 내적인 영혼사건들에 대한 비유들이다. 성경은 세계 창조를 이야기한다. 성경을 외적 사건들의 묘사로 여기는 사람은 성경을 절반만 아는 것이다.

> "한처음에 하느님께서 하늘과 땅을 창조하셨다. 땅은 아직 꼴을 갖추지 못하고 비어 있었는데, 어둠이 심연을 덮고 하느님의 영이 그 물 위를 감돌고 있었다." (창세 1,1-2)

그러나 그런 말들의 참된 내적 의미는 영혼 깊은 곳에서 체험해야 한다. 하느님은 내면에서 찾아야 한다. 그러면 하느님은 "감각적으로 지각할 수 있는 방식으로 나타나지 않고, 전부 다 정신의 방식으로 셀 수 없이 많은 빛을 내보내는 근원적 광채"로 나타난다. 필론은 이와 같이 표현한다. 플라톤의 대화편 《티마이오스》에 나오는 말은 성경의 이야기와 거의 똑같다.

> "그런데 이제 우주를 만들었던 아버지는 우주가 어떻게 생명이 있고 활동적이고 영원한 신들의 상징이 되었는지 보고 알아챘을 때 만족감을 느꼈다."

성경에는 "하느님께서 보시니 좋았다"라는 구절이 있다. 신적인 것을 인식한다는 것은 플라톤의 경우처럼 성경의 의미에서도 신비의 지혜 속에 있는 것처럼 창조 과정을 자기 영혼의 운명으로 체험한다는 것을 뜻한다. 이로써 창조의 역사와 신격화되는 영혼의 역사는 하나로 합류한다. 필론의 확신에 따르면, 하느님을 찾는 영혼의 역사를 쓰기 위해 모세의 창조 보고를 활용할 수 있다. 성경의 모든 사건은 이로써 매우 상징적인 의미를 얻는다. 필론은 이 상징적인 의미의 주석자가 된다. 그는 성경을 영혼의 역사로 읽는다.

2   필론이 성경을 읽는 이런 방식은 신비의 지혜에서 생긴 당대의 추세에 부합했다고 말할 수 있을 것이다. 그는 물론 옛 글들을 해석하는 이와 같은 방식으로 치료사들에 대해 보고할 수 있었다.

"그들은 또한 한때 학파를 이끌었고 *비유적인* 글들에 으레 나타나는 방법들에 관한 수많은 설명들을 남긴 옛 저자들의 작품도 갖고 있다. … 그들에게 있어서 이 글들에 대한 해석은 비유적 이야기들의 한층 깊은 의미에 초점이 맞추어져 있다."(본문 186/187쪽 참조)

필론의 의도는 이와 같이 구약성경의 "비유적인" 이야기들의 한층 깊은 의미에 초점이 맞추어져 있었다.

3   그런 해석이 어디에 이를 수 있었는지 상상해보자. 창세기

를 읽다 보면 외면적인 이야기뿐만 아니라 신적인 것에 이르기 위해 영혼이 선택해야 하는 길들에 대한 본보기를 발견한다. 그러니까 영혼은 — 여기에는 다만 영혼의 신비적인 지혜의 추구가 있을 수 있다 — 자기 안에서 하느님의 길을 소우주적으로 반복해야 한다. 세계라는 드라마는 각자의 영혼 안에서 진행될 수밖에 없다. 창세기에 주어진 본보기의 *성취*는 신비적 현자의 영혼 활동이다. 모세가 그것을 쓴 것은 역사적 사실들을 이야기하기 위해서만이 아니다. 그보다는 오히려 영혼이 하느님을 발견하고자 할 때 길이라고 여겨야 하는 것을 비유로 보여주기 위해서이다.

4 이 모든 것이 필론의 세계관에서는 정신 *안에* 그대로 들어 있다. 인간은 하느님이 세상에서 체험한 것을 *자기* 안에서 체험한다. 하느님의 말씀, 즉 로고스는 영혼의 사건이다. 하느님은 유대인들을 이집트에서 약속한 땅으로 인도했다. 하느님은 그들로 하여금 고통과 궁핍을 두루 겪게 했다. 그런 다음에 약속의 땅을 그들에게 선사하기 위해서였다. 그것은 외적인 사건이다. 그 사건을 마음속으로 음미해보자. 사람들은 무상의 세계인 이집트 땅에서 나와, 감각 세계의 억압으로 이어지는 궁핍을 거쳐 약속된 영혼의 땅으로 들어간다. 영원한 것에 도달하는 것이다. 필론에게 있어서 그 모든 것은 내적인 사건이다. 세상 안으로 흘러들어온 하느님은 자신의 창조의 말씀이 이해되고 영혼에서 재현될 때 영혼에서 일어나는 자신의 부활을 기념한다. 그런 다음에 인간은 자기 안에 하느님을, 즉 인간이 된 성령

을, 로고스를, 정신적으로 태어난 그리스도를 갖게 된다. 이런 의미에서 볼 때 필론과 그의 의미대로 생각하는 사람들에게 있어서 인식은 정신세계 내에서 일어나는 그리스도의 탄생이었다. 그리스도교와 함께 학문을 계속하는 신플라톤주의 세계관 역시 필론의 사유 방식에 대한 재교육이었다. 그리스 신비 사상가 플로티노스가 자신의 정신적 체험을 어떻게 묘사하는지 살펴보자.

"나는 육체성의 잠에서 깨어나 정신을 차리고 외부세계로부터 시선을 돌려 잠시 묵상할 때 자주 경이로운 아름다움을 보게 된다. 그리고 나면 나의 더 좋은 부분을 자각하게 되었음을 확신한다. 나는 진정한 삶을 실현한다. 신적인 것과 하나가 된 것이다. 신적인 것에 근거하여 나는 천상보다 더 위로 옮길 힘을 얻는다. 그런 다음에 내가 하느님 안에서 이렇게 쉰 후 정신의 직관에서 내려와 다시 사유의 형성에 이르면 이렇게 자문하게 된다. 내가 지금 내려오고 있는 것, 그리고 내 영혼이 본질적으로는 방금 나에게 모습을 드러낸 그대로인데 언젠가 몸 안으로 들어간 것은 어떻게 된 걸까?"

또 "영혼들이 내세에서 유래하고 내세에 속하는데도 아버지 하느님을 잊고, 아버지와 자기 자신에 대해 그렇게 아무것도 모르는 이유는 대체 무엇일 수 있을까? 영혼들에게 있어서 악한 것의 시작은 만용, 의욕, 자기 소외, 오직 자신에게만 속하고 싶은 욕구 등이다. 영혼들은 자기주도성에 강한 욕구를 느꼈다. 영혼들은 자신들의 의미를 찾아 분주히 움직였다. 그래서 그릇된 길에 빠지고 앞장서서 완전히 이탈하게 되었으며, 그럼으로써 피안에서 왔다는 근원에 대한 인식이 영혼들에서 사라졌다. 일찍 부모와 분리되어 멀리 떨어진 곳에서 양육된 아이들이 자신과 자기 부모가 누구인지 모르는 것처럼 말이다."

영혼이 찾아야 할 삶의 발달을 플로티노스는 이렇게 묘사한다.

"영혼의 육체 생활과 그 물결은 평온할지어다. 영혼은 자신을 둘러싸는 모든 것을 평온하게 볼지어다. 땅과 바다와 공기와 하늘조차 미동도 없다. 영혼은 말하자면 자신이 밖으로부터 쉬고 있는 우주로 흘러들고 유입되는 것에, 즉 사방에서 몰려들고 들어오는 것에 주의할 줄 알지어다. 햇빛이 어두운 구름을 비추고 금빛으로 반짝이게 하는 것처럼, 영혼은 하늘에 펼쳐진 세계의 몸에 들어갈 때 그 몸에 생명과 불멸을 부여하리라."

5   그 결과, 이 세계관은 그리스도교와 대단히 비슷한 유사성을 지니게 된다. 예수 공동체의 신봉자들은 이렇게 말한다.

"태초에 일어난 일, 우리가 눈으로 보고 들었던 일, 우리가 직접 본 일, 우리의 손이 *생명의 말씀*에 닿은 일 …, 우리는 그 일을 여러분에게 알립니다."

신플라톤주의의 의미에서는 이와 같이 말할 수 있을 것이다. 태초에 일어난 일, 우리가 보고 들을 수 없는 일, 그것을 우리는 영적으로 생명의 말씀으로 체험해야 한다. 옛 세계관의 발전은 이로써 분열 속에 이루어진다. 신플라톤주의와 그와 비슷한 성향의 세계관들에서 그것은 순전히 정신적인 것과 관련 있는 그리스도 이념으로 이어진다. 그리고 다른 한편으로는 이 그리스도 이념이 예수라는 인물의 역사적 현상과 합류하는 데로 나아간다. 요한복음서 저자를 두 세계관을 이어주는 연결자라고 부를 수 있을 것이다. "한처음에 말씀이 계셨다." 요한복음서 저자는 이 신념을 신플라톤주의자들과 공유했다. 말씀은 영혼의 내면에서 정신이 된다고 신플라톤주의자들은 추론한다. 말씀은 예수에게서 육신이 되었다고 추론하는 것은 요한복음서 저자는 물론이고 그와 함께 그리스도교 공동체도 마찬가지다. 말씀만이 육신이 될 수 있었다는 것에 대한 보다 상세한 의미는 옛 세계관의 발전 전체를 통해 주어졌다. 플라톤은 대우주적인 것을 이야기한다. 신은 세계 육체에 십자가 형태로 세계 영혼을 펼쳐놓았다. 이 세계 영혼이 로고스다. 로고스가 육신이 되려 한다면, 로고스는 육체적 현존에서 우주적 세계 과정을 반복해야 한다. 로고스는 십자가에 못 박히고 부활해야 한다. 그리스도교의 가장 중요한 이 사상은 정신적 표상으로서 옛 세계관들에서 이미 오래 전에 정해져 있었다. 신비가는 그것을 "전수" 때 개인적인 체험으로 겪었다. "인간이 된 로고스"는 전 인류에 통용되는 사실로서 그것을 두루 경험해야 했다. 그러니까 옛 지혜의 발달에서 신비 사건이었던 것이 그리스도교를 통해 역사적 사실이 된다. 이로써 그리스도교는 유대 예언가들이 예언했던 것만 성취한 것이 아니었다. 또한 신비들이 이전에 형성했던 것도 성취했다. 골고타의 십자가는 사실로 집약된 고대의 신비 의식이다. 우리가 이 십자가를 처음 만나는 것은 옛 세계관들에서이다. 십자가는 전 인류에게 통용될 유일한 사건 안에서, 즉 그리스도교의 출발점에서 우리를 만난다. 이런 관점에서 볼 때 신비적인 것은 그리스도교에서 이해될 수 있다. 신비적 사실로서의 그리스도교는 인류의 성장에서 하나의 발전 단계이다. 그리고 신비의 사건들과 그 사건들로 인한 영향들은 이 신비적 사실을 위한 준비이다.

XIII.

아우구스티누스와 교회

1	토속종교에서 새로운 종교로 넘어갈 때 그리스도교 신봉자들의 영혼에서 일어났던 투쟁의 엄청난 위력은 아우구스티누스(354~430)라는 인물에게서 고스란히 나타난다. 이 심적 갈등들이 아우구스티누스의 정신에서 진정된 것을 보게 되면, 신비하게도 오리게네스Origenes(185?~254?), 알렉산드리아의 클레멘스, 나지안조스의 그레고리오스Gregorios(320~390), 히에로니무스 등의 심적 투쟁들을 함께 고찰하게 된다.

2	아우구스티누스는 열정적인 천성에서 벗어나 가장 깊은 정신적 욕구들을 발전시키는 인물이다. 그는 이교적인 동시에 반쯤 그리스도교적인 표상들을 두루 거친다. 그는 가장 두려운 의심들 때문에, 정신적 관심들에 대해 많은 사상들의 무기력을 확인하고 "인간은 과연 어떤 것을 알 수 있을까?"라는 질문에서 부담을 느껴본 인간이

그런 의심들에 마주칠 수 있는 것처럼 무척 괴로워한다.

3   아우구스티누스가 정진을 시작했을 때 그의 표상들은 감각적-허무적인 것에 매달려 있었다. 그는 정신적인 것을 감각적 형상들로만 구체적으로 설명할 수 있었다. 이 단계를 넘어섰을 때 그는 그것을 해방처럼 느낀다. 그것에 대해 《고백록》은 이렇게 묘사한다.

"하느님을 생각하려 할 때 나는 부피를 상상해야 했고 그와 같은 것 외에 어떤 것도 존재할 수 없다고 믿었는데, 그것은 내가 피할 수 없는 오류의 가장 중요한 이유이자 거의 유일한 이유였다."

이와 함께 그는 정신에서 진정한 삶을 찾는 인간이 어디로 가야 하는지 암시한다. 온갖 감각적 물질에서 자유로운 순수한 생각에 결코 이를 수 없다고 주장하는 사상가들 — 그런 사상가들의 수도 적지 않다 — 이 있다. 이런 사상가들은 자기들 고유의 영혼 활동에 대해 말해야 한다고 생각하는 것을 인간적으로 가능한 것과 혼동한다. 오히려 진리는 온갖 감각적 물질에서 자유로운 사유로 발전했을 때 비로소 고차적 인식에 이를 수 있다는 것이다. 즉 감각적 인상들을 통한 가시화가 멈출 때 표상들은 더 이상 멈추지 않는 영혼 활동에 이를 수 있다는 것이다. 아우구스티누스는 정신적 직관의 단계에 어떻게 올라섰는지 이야기한다. 그는 "신적인 것"이 있다는 곳을 백방으로 수 소문한다.

"나는 땅에 물었고, 땅은 자기가 아니라고 말했다. 그리고 땅에 있는 것은 똑같은 것을 고백했다. 나는 살아있는 것의 무엇을 숨기고 있는지 바다와 심연에 물었고, 그것들은 이렇게 대답했다. 우리는 너의 신이 아니니, 우리 위에서 찾아라. 나는 바람이 부는 공기에게 물었고, 대기 전체가 거기에 거주하는 모든 것들과 함께 그렇게 말했다. 우리 안에서 사물들의 본질을 찾은 철학자들은 실망했다. 우리는 신이 아니다. 나는 해와 달과 별들에게 물었고, 그것들은 말했다. 우리는 당신이 찾는 신이 아니다."

그리고 아우구스티누스는 신적인 것을 묻는 자신의 질문에 답을 주는 것은 단 하나, 자신의 영혼뿐임을 깨달았다. 영혼이 말했다. 눈도 귀도 내 안에 있는 것을 너에게 전달할 수 없다. 나는 그것을 너에게 오직 직접 말할 수 있다. 그래서 나는 너에게 의심할 바 없이 명백하게 말한다.

"공기와 불에 생명력이 있는지에 관해서는 인간들이 의심할 수 있었지만, 자신이 살아있고 기억하고 이해하고 의지가 있고 생각하고 알고 판단한다는 것을 누가 의심하려 했던가? 의심할 때 그는 정말로 살아있고, 자신이 어째서 의심하는지 정말로 기억하고, 자신이 의심한다는 것을 정말로 이해하고, 정말로 확인하려 하고, 정말로 생각하고, 자신이 아무것도 모른다는 것을 정말로 알고, 자신이 정말로 아무것도 성급하게 받아들여서는 안 된다고 판단한다."

우리가 외부 사물들의 실체와 현존을 부인한다면, 그 외부 사물들은 저항하지 못한다. 그러나 영혼은 저항한다. 영혼이 없다면 영혼은 정녕 자신을 의심할 수 없을 것이다. 영혼은 의심 속에서도 자신의 현존을 확인한다.

"우리는 존재한다. 그리고 우리는 우리의 존재를 인식하며, 우리의 존재와 인식을 사랑한다. 이 세 부분에서는 진리와 비슷한 어떤 오류도 우리를 불안하게 만들 수 없는데, 우리가 외부 사물들을 신체적 감각으로 붙잡는 것처럼 그것들을 움켜쥐지 못하기 때문이다."

인간이 신적인 것에 대해 경험하는 것은, 인간이 자기의 영혼으로 하여금 자기 자신을 우선 정신적인 것으로 인식하게 하여 정신으로서 정신적인 세계에 들어가는 길을 발견함으로써 가능하다. 아우구스티누스는 고민 끝에 이 정신적인 것을 인식하기로 마음먹었다. 이런 분위기로부터 이교적 민속에서는 인식을 추구하는 인물들에게서 신비들의 문을 두드리고 싶은 욕구가 자라났다. 아우구스티누스 시대에는 이런 확신들이 있으면 그리스도교인이 될 수 있었다. 인간이 된 로고스 예수는 영혼이 자기 자신과 함께 있을 때 말해야 하는 것에 이르고자 할 때 가야 할 길을 가르쳐주었다. 385년 밀라노에서 아우구스티누스는 암브로시우스의 가르침을 받았다. 스승 암브로시우스가 그에게 가장 중요한 구절들을 그저 말뜻에 따라서가 아니라 "정신으로 신비적 베일을 들어 올리면서" 해석했을 때, 구약과 신약에 대한 온갖 의구심은 사라졌다. 아우구스티누스가 보기에 신비들 속에 보호되어온 것은 복음서들의 역사적 전통에서, 그리고 이 전통이 보존되는 공동체에서 구현된다. 아우구스티누스는 "신비를 입증하지 못한 것을 믿으라는 공동체의 계명은 적절하며 악의가 없다"고 점차 확신하게 된다. 그는 다음과 같은 생각에 이른다.

> "누가 현혹되어 사도들의 교회가 믿을 만 하지 못하다고 말하겠는가. 교회가 대단히 충실한 데다, 너무도 많은 형제들이 그 기록들을 양심적으로 후손들에게 전해줄 정도로 합심하여 지탱했고, 또한 오늘날의 주교들에 이르기까지 절대적으로 안전한 승계로 그 지위를 지켜왔는데 말이다."

아우구스티누스의 표상 방식이 그에게 말해준 것은, 그리스도 사건과 함께 이전과는 다른 상황이 정신을 추구하는 영혼에 등장했다는 것이었다. 아우구스티누스가 볼 때 외적인 역사적 세계에서 신비가가 신비의 준비를 통해 추구한 것이 예수 그리스도로 계시되었다는 것은 자명했다. 다음의 말은 그의 의미심장한 진술들 중 하나이다.

"오늘날 그리스도교라고 불리는 것은 이미 옛날에 있었고, 인류의 처음에도 없지 않았다. 마침내 그리스도가 육신으로 나타났고, 그때부터 예전부터 이미 있었던 참된 종교가 그리스도교라는 이름을 얻었다."

이런 표상 방식에 있어서는 두 가지 길이 가능하다. 하나는 인간의 영혼이 참된 자아의 인식에 이르게 하는 힘을 자기 안에 형성할 때 사고하는 길이어서, 영혼이 충분히 멀리 가기만 한다면 그리스도는 물론이고 그리스도와 연관되는 모든 것도 인식하게 될 것이다. 이것은 그리스도 사건을 통해 얻어진 신비 인식이었을 것이다. 다른 길은 아우구스티누스가 실제로 나아간 길이자, 그를 후계자들에게 위대한 본보기로 만든 길이다. 그 길의 본질은 특정한 지점에 자기의 정신력의 발전을 종결하고, 그리스도 사건과 연관되는 표상들을 그 사건에 관한 문자 기록과 구술 전승에서 끌어낸다는 데 있다. 아우구스티누스는 첫 번째 길을 영혼의 자만에서 기인하는 것으로 보고 물리쳤다. 그리고 두 번째 길은 그가 볼 때 바람직한 겸손에 부합했다. 그래서 그는 첫 번째 길을 가려는 사람들에게 이렇게 말했다.

"그대들은 진실 속에서 평화를 찾을 수 있겠지만, 그러기 위해서는 그대들의 뻣뻣한 목으로는 얻기가 무척 어려운 겸손이 필요하다."

반면에 그는 무한한 내적 행복 속에서, "인간이 되신 그리스도의 현현" 이후 사람들이 다음과 같이 생각할 수 있음을 지각했다. 즉, 모든 영혼은 정신적인 것의 체험에 이를 수 있는데, 그러려면 영혼이 자기 자신 안에서 구하면서 정말로 갈 수 있는 만큼 멀리 간 다음, 최고의 것에 이르기 위해 그리스도와 그의 계시에 관한 문자 및 구술 전승이 진술하는 것을 *신뢰*할 수 있어야 한다. 그는 그 점에 관해 이렇게 진술한다.

"이제 최고의 참된 선의 어떤 환희와 어떤 지속적인 기쁨이 생기는지, 영원의 어떤 유쾌함과 숨결이 생기는지, 그것을 내가 어떻게 말해야 할까? 저 비할 데 없는 위대한 영혼들은 그것을 말할 수 있는 만큼 말했고, 우리는 그 영혼들이 보았고 여전히 보고 있다고 인정한다. … 우리는 우리가 믿는 데 필요한 것이 얼마나 진실한지, 우리가 우리의 어머니인 교회에서 얼마나 선하고 행복을 가져오도록 육성되었는지, 사도 바오로가 어린 아이들에게 마시라고 준 우유의 유익함이 어떤 것인지 인식하는 지점에 도달한다. …" (다른 가능한 표상 방식, 즉 그리스도 사건을 둘러싸고 넓힌 신비 인식에서 발전한 것, 그것을 고찰하는 것은 본서의 틀을 넘어선다. 《비밀학 개요》에 관한 필자의 개관에서 그것에 대한 묘사를 찾을 수 있다.) 예수 탄생 이

전 시대에는 현존의 정신적 근거들을 찾으려 했던 사람에게 신비의 길을 가르쳐줄 수밖에 없었던 반면, 아우구스티누스는 자기 자신 안에서 그런 길을 갈 수 없었던 영혼들에게도 이렇게 말할 수 있었다. *인식*에 있어 그대들 인간의 힘으로 갈 수 있는 만큼 가거라. 그러면 거기서부터는 *신뢰*, 즉 믿음이 그대들을 더 높은 정신적 영역 위로 이끌 것이다. 이제는 단 한 걸음만 나아가서 이렇게 말하면 되었다. 인간의 영혼은 본질상 자기의 힘을 통해 인식의 일정한 단계에 이를 때까지 다만 갈 수 있을 뿐이다. 거기서부터 영혼은 오로지 신뢰를 통해, 즉 그리스도교 및 구술 전승에 대한 믿음을 통해 계속 갈 수 있다고 한다. 이런 걸음을 내딛게 된 것은, 영혼이 자기 자신을 통해서는 극복할 수 없는 어떤 영역을 *자연적 인식*에 맡기는 정신 사조를 통해서였다. 그 정신 사조는 이 영역 위에 있는 모든 것을, 문자 및 구술 전승에, 즉 그 담지자들에 대한 신뢰에 의지해야 하는 믿음의 대상으로 만들었다. 가장 위대한 교부 *토마스 아퀴나스*Thomas Aquinas(1224~1274)는 이 가르침을 자신의 글들에서 아주 다양하게 표현했다. 인간의 인식은 아우구스티누스에게 자기 인식을 가져다 준 것에 이를 때까지, 즉 신적인 것의 확신에 이를 때까지 갈 수 있다. 그 다음에 그에게 이 신적인 것의 본질 및 세상과 그것의 관계를 제시하는 것은 인간 본래의 인식에 더 이상 접근할 수 없는 계시된 신학으로, 그 신학은 믿음의 내용으로서 모든 인식을 초월한다.

4   이 관점의 공식적인 태동은 9세기에 샤를 2세(823~877)의 궁정에서 살았고 그리스도교 초기부터 토마스 아퀴나스의 관점으로 아주 자연스럽게 이어진 *요한네스 스코투스 에리우게나*Johannes Scotus Eriugena(810~877)의 세계관에서 볼 수 있다. 그의 세계관은 신플라톤주의적으로 지속되었다. 스코투스는 저서 《자연 구분론Divisione Naturae》에서 디오니시우스 아레오파기타의 학설들을 계속 발전시켰다. 그것은 세상을 감각적이고 무상한 모든 것을 초월한 하느님을 바탕으로 하는 학설, 하느님으로부터 세상을 도출하는 학설이었다(본문 195쪽 이하 참조). 인간은 처음부터 자신이었던 것을 마지막에 달성하는 이 하느님을 향한 모든 존재들의 변화에 둘러싸여 있다. 모든 것은 세계 과정을 거치고 결국 완성된 신성으로 다시 돌아간다. 그러나 인간이 거기에 도달하기 위해서는 육신이 된 로고스로 나아가는 길을 찾아야 한다. 이런 생각은 에리우게나에게서 이미 다음과 같이 달라진다. 이 로고스에 대해 보고하는 성경에 담긴 것은 믿음의 내용으로서 구원으로 이끈다. 이성과 성경적 권위, 즉 *믿음*과 *인식*은 나란히 병존한다. 그 둘은 서로 모순되지 않는다. 그러나 믿음은 인식이 단순히 자기 자신을 통해서는 결코 고양될 수 없는 이유를 제시해야 한다.

***

신비의 의미에서 대중에게 숨겨져야 했던 것, 즉 영원한 것의 *인식*은 이런 표상 방식에서 볼 때 그리스도교 신조를 통해 그 본질상 단순한 인식에서 도달하기 어려운 어떤 것과 연관되는 *믿음의 내용*이 되었다. 예수 탄생 이전의 신비가는 자신에게 신적인 것의 인식이 있고 민족에게는 상징적인 믿음이 있다고 확신했다. 그리스도교는 하느님이 계시를 통해 인간에게 지혜를 계시했다고 확신하게 되었다. 신적 계시의 모상은 인간에게 인식을 통해 전달된다. 신비의 지혜는 온실 식물과도 같아서, 성숙한 개인들에게 주어진다. 그리스도교의 지혜는 누구에게도 인식으로 계시되지 않고 모두에게 믿음의 내용으로 계시되는 신비이다. 그리스도교에서 신비의 관점은 계속 존재했다. 그러나 그 관점은 변화된 형태로 계속 존재했다. 특별한 개인이 아니라 모두가 진리에 관여해야 했다. 그러나 인식의 어느 지점부터는 계속 나아갈 수 없는 무능력을 인식하고 거기에서부터 믿음으로 올라가는 일이 일어나야 했다. 그리스도교는 신비 발달의 내용을 신전의 어둠으로부터 환한 빛으로 끌어냈다. 그리스도교 내에서 *어떤* 특징적인 정신적 경향은 이 내용이 *믿음의* 형태로 남아있어야 한다고 생각하기에 이르렀다.

몇 가지 부언

본문 19쪽: 본서의 이 대목에 나오는 잉거솔의 말은 정확히 같은 표현으로 그 말을 자신들의 신념이라고 진술하는 인간들과 관련해서만 예로 든 것은 아니다. 아주 많은 사람들이 그렇게 하지 않겠지만 그럼에도 자연현상들과 인간에 관해서는 정말로 일관성이 있다면 그렇게 진술할 수밖에 없을 거라고 생각할 것이다. 누군가가 이론적으로 무엇을 자기의 신념이라고 진술하는가의 문제가 아니라, 이 신념이 과연 정말로 자기의 온전한 사유 방식에서 나오는지 여부가 관건이다. 누군가는 개인적으로 이 같은 말을 심지어 싫어하거나 우습다고 여길지 모른다. 어떤 사람이 자연현상들의 정신적 토대들로 올라가지 않은 채 그것들을 단지 외면적으로 고찰하는 설명을 만들어낸다면, 또 어떤 사람은 논리적 귀결로서 그것에서 유물론 철학을 만들어낼 것이다.

본문 19쪽: 오늘날 "생존경쟁", "자연번식의 전능" 등의 표제어로 다루어지는 사실들을 보건대, "자연의 정신"은 올바로 지각할 수 있는 사람을 강력히 지지한다. 그것에 관해 과학이 오늘날 만들어내는 견

*해*들을 보면 그렇지 않다. 자연과학이 점점 더 광범위한 영역에 속하게 될 이유는 첫 번째 상황에 있다. 그러나 두 번째 상황으로부터는 과학의 견해들이 사실들의 인식에 반드시 필요한 것처럼 여겨져서는 안 된다는 결론이 나온다. 그러나 후자 쪽으로 오도될 가능성은 오늘날 한없이 크다.

본문 22쪽: 루카의 문헌 등에 관해 천편일률적인 논평들을 근거로, 본서의 저자가 순전히 역사적인 연구를 과소평가한다고 추론해서는 안 될 것이다. 그것은 맞지 않는 이야기다. 역사적 연구는 전적으로 그 정당성을 지니지만, 그런 연구가 정신적 관점에서 비롯되는 표상 방식에 대해 편협하지 않아야 한다는 것뿐이다. 본서는 필요할 때마다 가능한 모든 것에 관해 인용문을 제시하는 데 주안점을 두지는 않았다. 그렇지만 그것을 *원하*는 사람은 *모든 측면*에서 정말 공평무사하게 판단해 보아도 여기에서 말해진 것이 실제 역사적으로 밝혀진 것과 전혀 모순되지 않는다는 사실을 확인할 수 있을 것이다. 물론 모든 측면을 고려하지 않고 이런 저런 이론을 "사람들이" 확실하다고 확인한 것으로 여기는 사람이라면, 본서의 주장들이 "과학적" 관점에서 볼 때 "유지될 수 없고" "그 어떤 객관적인 근거도 없다"고 여길 것이다.

본문 28쪽: 앞에서는 정신적인 눈이 열린 사람들이 정신세계의 영역을 통찰할 수 있다고 말한다. 그러나 그렇다고 그 사람만이 "정신적인 눈"이 있는 전수자의 성과에 관해 현명하게 판단할 수 있다는 결론을 끌어내서는 안 될 것이다. "정신적인 눈"은 탐색하는 데 필요하다. 그런 다음에 탐색된 것이 전해지면, 자기의 이성과 공평무사한 진리 감각을 동원해 말할 수 있는 사람이라면 *누구나* 그것을 이해할 수 있다. 그리고 그런 사람은 이 성과들을 삶에도 적용하고, 그 스스로 "정신적인 눈"이 없어도 그 성과들로부터 만족스러운 결과를 얻을 수 있다.

본문 32쪽: 플라톤이 말하는 "진창에 빠진다"는 것은 본문 49쪽에 부언으로 첨부된 것의 의미로도 해석할 수 있다.

본문 33쪽 이하: 신비에 관한 가르침들의 전달이 불가능하다는 여러 이야기는 준비가 안 된 사람에게는 그 가르침들이 전수자가 *체험하는 형태*로 전해질 수 없다는 것과 연관된다. 그러나 항상 그 가르침들은 비전수자가 이해할 수 있는 *형태*로 전해졌다. 신화들은 신비의 내용을 일반적으로 이해할 수 있도록 전하기 위해 예컨대 옛 형태를 취했다.

본문 80쪽: 옛 신비주의에서 "정신의 눈"을 통한 지식과 연관되는 모든 것은 "영감법"이라고 불릴 수 있다. 반면에 "예감법"은 신비 전수에 이르는 길들을 제시한다.

본문 159쪽: 고대의 신 "카베이로스"는 옛 신비주의의 의미에서 볼 때 현재의 인간들이 가진 의식보다 고차적인 의식을 지닌 존재이다. 셸링도 말하지만, 이 전수를 통해 인간은 현재의 의식을 넘어 고차적인 의식으로 올라간다.

본문 167쪽: 숫자 7의 의미는 필자의 《비밀학 개요》(Leipzig 1910)에서 확인할 수 있을 것이다.

본문 168쪽: 묵시록적인 징후의 의미들에 관해서는 여기에서 아주 간략하게 암시할 수 있을 뿐이다. 물론 그것들을 훨씬 더 깊이 보여줄 수는 있겠지만, 그렇게 되면 본서의 범위를 벗어날 것이다.

이 발행본을 위한 주석

카롤리네 비스플러Caroline Wispler / 카를-마르틴 디츠Karl-Martin Dietz

《신비적 사실인 그리스도교》는 루돌프 슈타이너가 브록도르프 백작 부부의 초청으로 1901년 10월부터 1902년 3월까지 베를린 신지학 도서관에서 행한 18회의 강연을 요약한 것이다. 《루돌프 슈타이너 자서전. 내 인생의 발자취》(한국인지학출판사 2018)에서 루돌프 슈타이너는 이 책에 대해 이야기하고 있다. 1902년의 초판에 이어 1910년에는 개정, 증보를 거쳐 제2판이 발간되었다. 이 제8판을 포함하여 훗날의 모든 발행본들은 1921년에 루돌프 슈타이너가 다시 한 번 직접 검토하고 내용을 확장하여 1925년에 제5판으로 발행된 판본을 바탕으로 하고 있다.

다수의 인용문은 오토 빌만Otto Willmann의 저서 《Geschichte des Idealismus》(관념론의 역사), 특히 제1권 《Vorgeschichte und Geschichte des antiken Idealismus》(고대 관념론의 전사와 역사)(브라운슈바이크 1894)를 참조하여 확인하였다. 루돌프 슈타이너는 빌만의 저서에서 번역된 인용문을 차용하였다. 소크라테스 이전 철학자들을 인용한 부분은 대부분 헤르만 딜Hermann Diel의 《Die Fragmente der Vorsokratiker》(소크라테스 이전 철학자들의 단편들, 발터 크란츠Walter Kranz 편, 1903)의 번역물을 사용하였다. 셸링, 르낭 등의 몇 군데 인용문은 검토 과정에서 수정되었다. 본서 "IX. 요한 묵시록"에서는 통일된 장절 표시를 사용하였다.

쪽	
7	로자 마이레더Rosa Mayreder: 비엔나 출신의 작가, 화가. 루돌프 타이너와의 만남에 대해서는 자서전《Mein Lebensgang》(내 인생의 발자취), 1923~1925, GA 28, 158~162쪽. (한국어판:)
8	아돌프 하르나크Adolf Harnack: 111쪽에 대한 주석 참조.
	에른스트 해켈Ernst Haeckel:《Welträtsel. Gemeinverständliche Studien über monistische Philosophie》(세계라는 수수께끼. 일원론적 철학에 대한 평이한 연구), 본 1899
12	모리츠 치터Moritz Zitter: 어린 시절 루돌프 슈타이너가 비엔나에 있을 때 사귄 친구. 1921년 사망. 루돌프 슈타이너,《서간집》II, 도르나흐 1953.
14	에두아르 쉬레Edouard Schuré: 1841~1929. 프랑스 작가. 1908년에 처음으로《신비적 사실인 그리스도교》를 프랑스어로 번역하였다. 까미유 슈나이더,《Edouard Schurés Begegnungen mit Rudolf Steiner》(에두아르 쉬레와 루돌프 슈타이너의 만남), 바젤 1933 / 프라이부르크 1971 참조.
19	로버트 그린 잉거솔Robert Green Ingersol: 1833~1899. 미국 정치연설가, 작가.
20	찰스 로버트 다윈Charles Robert Darwin: 1809~1882. 영국 자연연구자,《On the Origin of Species by Means of Natural Selection》(자연선택을 통한 종의 기원에 대하여), 1859
	에른스트 하인리히 해켈Ernst Heinrich Haeckel: 1834~1919. 독일 자연연구자.《Anthropogenie. Entwicklungsgeschichte des Menschen》(인류발달론. 인간발달사), 1874
	찰스 라이엘 경Sir Charles Lyell: 1797~1875. 영국 지질학자.《Principles of Geology》(지질학 원론) 3권, 1830~1833

다윈, 헤켈, 라이엘에 관한 루돌프 슈타이너의 언급은 다음을 참조할 것. 《Methodische Grundlagen der Anthroposophie 1884~1901》(인지학의 방법론적 기초 1884~1901), GA 30, 《Haekel und seine Gegner》(헤켈과 그의 반대자들), 1899 / 《Charles Lyell. Zur hundertjärigen Wiederkehr seines Geburtstages》(찰스 라이엘. 탄생 백주년을 기념하여)(1897) 등 소논문, 《Mein Lebensgang》(루돌프 슈타이너 자서전. 내 인생의 발자취), GA 28.

26 *아이스킬로스Aeschylos*: B.C. 525~456경. 그리스 3대 비극시인 가운데 첫 번째 사람, 신비 장소였던 엘레우시스 출신.

플루타르코스Plutarchos: B.C. 45~125경. 카이로네이아의 플루타르코스. 그리스 철학자, 그리스 로마 시대의 역사가.

30 *메니포스Menippos*: B.C. 280년경. 그리스 출신의 견유학파 철학자. 이 일이 일어난 곳이 어디인지는 지금까지 밝혀지지 않았다.

31 *아엘리우스 아리스티데스Aelius Aristides*: A.D. 129~189. 그리스 수사학자.

"나는 신을 만지고 신과 가까이 있음을 느낀다고 생각했다.": 아리스티데스, 《Hieroi logoi》(거룩한 담론), 31권

32 *"전수받지 않은 자는 진창에 빠지고…"*: 플라톤, 《파이돈》 69c, 이 책 38쪽 참조.

소포클레스Sophocles: B.C. 496~406. 고대 그리스 아테네 출신의 비극시인.

"저들은 저승에 얼마나 행복하게 도달하는가. …": 소포클레스 단편 837 (피어슨Pearson 판), 또는 단편 719(딘도르프Dindorf 판).

41 *"아주 대단한 설명…"*: 플루타르코스, 《De defectu oraculorum》(신탁의 결함에 관하여) 14, 417 b/c - 클레옴브로토스가 대화 중에 이렇게 말한다.

마르쿠스 툴리우스 키케로Marcus Tullius Cicero: B.C. 106~43. 로마의 정치가, 웅변가, 철학자, 저술가

"신비들이 설명되고 그 원래의 의미가 확인된다면": 키케로, 《De natura deorum》(신성론) I, 119

43   *크세노파네스Xenophanes*: B.C. 570~480 경. 소크라테스 이전 철학자, 시인.

"사람들은 신들이 자신처럼 생겼다고 생각하여…": 크세노파네스, 단편 B 14, 15. 단편 B 11, 12와 도 비교할 것.

44   "신들 중에서 가장 위대하고 인간들 중에서 단연 최고인 신이 있으니": 크세노파네스, 단편 B 23. B 24~26과도 비교할 것.

49   "우리에게 축성을 지시한 저들은 … ": 플라톤, 《파이돈》69 c

50   *헤라클레이토스Heracleitos*: B.C. 535~475 경. 에페소스 출신의 소크라테스 이전 철학자.

"전승되는 그 발언에 따르면 … ": 전승되는 그의 발언은 디오게네스 레르티오스(A.D. 3세기)의 저서 《저명한 철학자들의 생애와 견해〉, IX, 16에 다음과 같이 수록되어 전해진다.

"너무 성급하게 헤라클레이토스 저서의 책장을 넘기지 말라,
그 길은 가파르고 험하여 힘들게 가야 하니.
칠흑 같은 어둠 속에서 전수자의 인도로
그 책을 통달하면 태양보다 밝은 빛이 비치리라."

51   "모든 것은 흐른다.": 이 말은 헤라클레이토스의 단편들에 나오지 않는다. 그러나 이는 이미 고대부터 헤라클레이토스 철학의 핵심으로 여겨졌다. 아리스토텔레스, 《천체에 관하여〉, 3, 1 참조.

"사람은 같은 강물에 두 번 들어가지 못하고 …": 플루타르코스, 《델피의 E에 관하여》 18, 392b. 또한 헤라클레이토스, 단편 B 91, 92. 본서 28쪽도 참조할 것.

51 "생과 사, … 같은 것이다.": 헤라클레이토스, 단편 B 88

"생과 사는 우리의 죽음 속에 있고, 또한 삶 속에도 있다.": 헤라클레이토스, 딜스Diels 판에는 수록되지 않았으며, 바이워터Bywater 판 단편 번호는 78 A

"우리는 낮의 생활에 대해 어떻게 말해야 할까.": 헤라클레이토스, 자구 그대로는 아니다. 단편 B 49a와 비교할 것.

"하데스와 디오니소스는 동일한 것이다.": 헤라클레이토스, 단편 B 15

52 "인간은 자신이 원하는 것보다 더 나아질 수 없다.": 헤라클레이토스, 단편 B 110

"바다는 가장 깨끗하고 …": 헤라클레이토스, 단편 B 61

호메로스와 헤시오도스에 맞서, … 격한 말들을 했다.: 헤라클레이토스, 단편 B 40, 42, 56, 57, 106

"세계의 조화는 … 자기 안으로 되돌아간다.": 헤라클레이토스, 단편 B 51. B 48과도 비교할 것.

54 "불멸하는 것은 죽을 운명이며 …": 헤라클레이토스, 단편 B 62

"영원이란 놀이하는 아이 …": 헤라클레이토스, 단편 B 52. B 70, 79와도 비교할 것.

55 불이 모든 사물의 원소라는: 헤라클레이토스. 단편 B 64~66, 30, 31, 67, 84a, 90과 비교할 것.

필론Philon: B.C. 25~A.D. 50 경. 헬레니즘 시대 알렉산드리아 출신 유대인 철학자. 본서 158이하를 보라.

"쓰여 있는 율법을 … 무시하는 사람들이 있다.": 필론, 《De migratione Abrahami》(아브라함의 이주에 관하여), 89

"헤라클레이토스는 불화를 사물들의 아버지로 여긴다.": 헤라클레이토스, 단편 B 53. B 80, 28과도 비교할 것.

57 *조화로 바꾸어야 한다*: 헤라클레이토스, 단편 B 8, 10과 비교할 것.

58 *"인간 안에 있는 데몬은 인간의 운명이다."*: 헤라클레이토스, 단편 B 119

60 *다비트 프리드리히 슈트라우스*David Friedrich Strauß: 1808~1874. 개신교 신학자, 작가. 《Der alte und der neue Galube. Ein Bekenntnis》(옛 믿음과 새 믿음. 고백), 라이프치히 1872, 특히 3장 176/177쪽을 보라.

61 *엠페도클레스*Empedocles: B.C. 490~430 경. 시칠리아와 남부 이탈리아에 살았던 소크라테스 이전 철학자, 관료, 의사.

61 *"그들은 어리석다."*: 엠페도클레스, 단편 B 11, 12, 15

"그대가 육체를 버리고 …": 이 형태의 문장으로는 엠페도클레스 단편에서 찾을 수 없다. 단편 B 112를 보라.

63 *"축성 받지 못하고 …"*: 위 38쪽에 관한 주석을 보라.

*핀다로스*Pindaros: (B.C. 518/522~446): 고대 그리스 테베 출신의 서정시인.

"저들을 본 다음 속이 빈 땅 아래로 내려가는 자는 복되다.": 엘레우시스지역 신비들에 대한 핀다로스의 글. 단편 121(보우라Bowra 판), 137(스넬Snell 판).

64 *피타고라스*Pythagoras: B.C. 580~496 경. 사모스 출신의 소크라테스 이전 철학자. 직접 쓴 저술은 남아있지 않다.

51 *아리스토텔레스*Aristoteles: B.C. 384~322. 플라톤의 제자이며 알렉산더 대왕의 스승. 오늘날 존재하는 거의 모든 학문 영역의 토대를 만들었다.

65 *"그들은 우선 수학을 계속했다."*: 아리스토텔레스, 형이상학 I, 985 b, 24~34

67 *그레고리오스*Gregorios: B.C. 334~394. 그리스도교 교부, 카파도키아

지방 니사의 주교.

"어떤 작은 것, 즉 제한된 것만이 …": 니사의 그레고리오스,《대교리문답》X, 1

70　플라톤Platon: B.C. 427~347. 소크라테스의 제자. 그의 철학이 전개된《대화편》들에서는 대화의 상대인 소크라테스가 인간의 전형이자 스승으로 등장한다.

71　"나는 이 정도는 말할 수 있다.": 플라톤 제7서신 341 b, d

"어구 사용의 무능함": 이에 관해서는 플라톤 제7서신 343a와 비교할 것.

선택된 자들이 보기에는 플라톤의 말에서 불이 뿜어져 나왔지만: 플라톤, 제7서신 344 b

72　"그때 나는 참으로 아주 이상한 기분이 들었다.": 플라톤,《파이돈》58e~59 a

74　"요컨대 철학을 제대로 다루는 사람들은 …": 플라톤,《파이돈》64a

"그대는 맛있는 음식이나 술처럼 …": 플라톤,《파이돈》64d~65a

75　"그런데 이성적인 통찰 자체의 사정은 어떨까? …": 플라톤,《파이돈》65a, b

76　"생각할 때에도 얼굴을 돌리지 않고 …": 플라톤,《파이돈》65e~66a

77　"그런데 죽음은 육체로부터 …": 플라톤,《파이돈》67 d, e

"누가 용감한가? …": 플라톤,《파이돈》68 c

"욕망에 마음을 빼앗기지 않고 …": 플라톤,《파이돈》68 c. 이어지는 부분은《파이돈》69~80과 비교할 것.

79　"영혼이 자기 자신을 통해 고찰한다면 …": 플라톤,《파이돈》79d, 80 a, b, 81 a

81　"불멸의 것이 무상하지 않다 하더라도 …": 플라톤,《파이돈》106 b

82　"어느 정도 올바른 신념을 지닌 모든 사람들은 …": 플라톤, 티마이

오스 27 c, d

"구원자로서의 신은 …": 플라톤, 《티마이오스》 48 d

83 "이미 많은 인간들이 가지각색의 방법으로 …": 플라톤, 《티마이오스》 22 c, d

84 "그런데 이 만물의 창조자이자 아버지를 …": 플라톤, 《티마이오스》 28 c, 이어지는 부분은 《티마이오스》 32 b 이하와 비교할 것.

그리고 세계 영혼은 십자가 형태로 이 세계 육체에 펼쳐진다. …: 플라톤, 《티마이오스》 36b~37a

그래서 플라톤은 자연을 신적인 것의 무덤이라고: 이런 막연한 문장으로는 지금까지 플라톤에게서 발견되지 않았으나, 인간의 육체가 영혼의 무덤이라는 형태로는 자주 등장한다. 124쪽을 위한 주석 참조

86 부활한 플라톤이라고 불리는 유대인 사상가 필론: 이런 형태의 문장은 전해지지 않는다. 오토 빌만 Otto Willmann, 《Geschichte des Idealismus》(관념론의 역사) I, 607쪽

인간에게서 태어난 지혜를 "신의 아들"이라고 칭한다.: 이에 관해서는 오토 빌만 Otto Willmann, 《Geschichte des Idealismus》(관념론의 역사) I, 616쪽 필론의 로고스론

"세계를 구성하는 모든 것을 쓰고 그린" 책: 필론, 《Legum allegoriae》(비유적 해석) I, 19쪽

"아들은 아버지의 방법들을 흉내 내고 …": 필론, 《De confusion linguarum》(언어들의 혼란에 대하여) 63

"신은 우주의 첫째이자 유일한 왕이기 때문에 …": 필론, 《De posteritate Caini》(카인의 후예) 101/102

87 "나는 나 자신에게 무수히 많이 일어났던 것을 …": 필론, 《De migration Abrahami》(아브라함의 이주) 34, 35

	"사랑에 사로잡힌 정신이 …": 필론, 《Quod a Deo mittantur somnia》(신이 보내준 꿈들) II, 232
88	"신을 피하려는 자는 자기 꾀에 넘어간다.": 필론, 《Legum allegoriae》(비유적 해석) III, 29
	히폴리토스Hippolytos: A.D. 3세기에 활동하고 235년 경 사망한 그리스의 교부로 첫 대립 교황이었다.
	"그것은 말로 진술할 수 없고 … 위대한 비밀이다.": 히폴리토스, 《Refutatio omnium haeresium》(모든 이단에 대한 반박) V, 8
90	아가톤Agathon: B.C. 445~402 경. 아테네 출신의 그리스 비극작가, 에우리피데스Euripides와 플라톤의 친구.
	소크라테스가 발언한다.: 이어지는 내용에 관해서는 플라톤 《향연》 198 a이하 참조.
97	살루스티우스 Sallustius: A.D. 4세기. 그리스 출신의 철학자, 신플라톤주의 학자. 그보다 더 유명한 기원전 로마시대의 역사학자 살루스티우스와 혼동하지 말 것.
	"세계 전체가 물체와 사물은 눈에 띄게, …": 살루스티우스, 《De Diis et mundo》(신들과 세계에 대하여) III, 3 이하.
98	플로티노스Plotinos: A.D. 204~269. 그리스 출신 철학자, 신플라톤주의의 체계적 기초자이자 대표적 인물.
	"이집트 현자들은 자기들의 지혜를 전할 때, …": 플로티노스, 《V. Enneade》(엔네아데스 권5) 8, 6
	보레아스Boreas의 신화: 플라톤, 《파이드로스 229 b
100	"그런 해석들은 …": 플라톤, 《파이드로스 229 d~230a
101	"거기에서 영혼은 … 쌍두마차로 묘사된다.": 플라톤, 《파이드로스 246a 이하.
102	붓다가 말한 것으로 여겨지는 비유: 이는 지금까지 확인된 바 없다.

104	*"그것들은 원래대로 있지만, …"*: 엠페도클레스, 단편 B 26
	"사랑을 통해 이제 물질들이 …": 엠페도클레스, 단편 B 20
105	동일한 것은 오직 동일한 것을 통해서만 …: 엠페도클레스, 단편 B 109
	"눈이 태양 같지 않다면 …": 이 표현은 괴테의 자연과학저술집 가운데《색채론》1부〈교수법〉에 등장한다. 괴테의 경구시에도 약간 변형된 형태로 인용된다.
106	아프로디테는 사랑이고, … 이것들이 원소들을 연결하고 푼다.: 엠페도클레스, 단편 B 86/87, B 17/35와 비교할 것.
113	호메로스*Homeros*: B.C. 8세기. 그리스 서사시인,《일리아드》,《오디세이》를 썼다.
114	*"뮤즈여, 말해 주소서, …"*: 호메로스,《오디세이》I, 1~5절. 5절은 다음과 같다. "영혼을, 그리고 동반자들의 귀향을 위해".
117	카를 뵈티허*Karl Bötticher*: 베를린의 고고학자.
122	*"몸에서 해방되어 …"*: 48쪽에 대한 주석 참조.
	리하르트 렙시우스*Richard Lepsius*: 1810~1884. 베를린 출신으로 체계적인 고고학의 바탕을 마련했다.
	"이집트인들이 보존하여 … 가장 중요한 관련 서적": 리하르트 렙시우스,《Das Totenbuch des alten Ägypter》(고대 이집트인들의 사자의 서), 라이프치히 1848, 서문 17쪽. 다양한 단편들의 모음으로는《Das Totenbuch der Ägypter》(이집트인들의 사자의 서), 그레구아르 콜파크치*Grégoire Kolpaktchy* 번역 및 주해, 뮌헨 1955.
123	*"오시리스 N은 호텝 들판 남쪽과 메뚜기 들판 북쪽에 있는 연못에서 정화되었는데 …", "나는 오시리스 N이다. …"*:《이집트 사자의 서》125장, 파피루스 NU.
128	루돌프 자이델*Rudolf Seydel*: 1835~1892. 라이프치히의 철학자, 신학

자. 《Buddha und Christus》(붓다와 그리스도), 브레슬라우 1884. 여기 인용된 부분은 그 책 8~24쪽이다.

136 "처음부터 있어 온 것 …": 요한 1서, 1, 3

아우구스티누스Aurelius Augustinus: A.D. 354~430. 성인 반열에 오른 교부들 가운데 가장 위대한 인물로, 암브로시우스의 제자.

"나는 가톨릭교회의 권위가 …": 아우구스티누스, 《Contra epistulam Manichaei quam vocant fundamenti》, (마니교 신도들이 기초라고 부르는 서신에 반대하여), 6

137 "오늘 그리스도 탄생하셨도다. …": 크리스마스 교창. 가톨릭 교회 성탄 시기 〈성무일도〉의 마지막 부분 "주님 탄생하셨네". 제목: 마니피캇 교창:

"오늘 그리스도 탄생하시고 구원자 나타나셨으니,

오늘 지상에서 천사들이 노래하고, 대천사들이 기뻐하나이다.

오늘 의인들은 기뻐하며 말하나이다.

'가장 높은 곳의 하느님께 영광이요, 알렐루야'."

140 하르나크Adolf von Harnack: 1851-1930. 베를린의 개신교 신학자.

"4절지 한 장에 충분히 쓸 수 있는": 하르나크, 《Das Wesen des Christentums》(그리스도교의 본질, 16 강의), 베를린 1900, 제4판, 라이프치히 1901, 13쪽.

오토 슈미델Otto Schmiedel: 《Die Hauptprobleme der Leben Jesu Forschung》(예수 생애 연구의 주된 문제들), 튀빙엔/라이프치히 1902

141 "일치, 영감, 완전함 등을 기준으로 따져볼 때 …": 하르나크, 《Das Wesen des Christentums》(그리스도교의 본질, 16 강의), 15쪽.

146 플라톤을 아티카 식으로 말하는 모세라고 불렀다.: 빌만Otto Willmann, 《Geschichte des Idealismus》(관념론의 역사) I, 589쪽

147 "오, 노인이여, 무슨 일을 하신 겁니까? …": 조하르 경전 II, 110 b. 위 150쪽에 대한 주석도 참조할 것.
네 명의 랍비에 대해 말한다. :《탈무드》의 하기가 편, II, 124b
"보지 않고도 믿는 사람은 행복하다.": 요한 복음서, 20장 29절.

148 "사람의 아들은 잃은 이들을 찾아 구원하러 왔다.": 루카 복음서, 19장 10절.

149 "그것은 여기나 저기가 아니. …": 루카 복음서, 17장 20, 21절.
"그러나 영들이 너희에게 복종하는 것을 기뻐하지 말고, …": 루카 복음서, 10장 20절.

150 라자로의 기적: 이 장 전체에 대해서는 오한 복음서 11장을 참조할 것.

152 에르네스트 르낭Ernest Renan: 1823~1892. 프랑스 출신의 종교학자, 철학 저술가.《La vie de Jesus》(예수의 생애), 파리, 1863
120~122 르낭 인용은 한스 헬링Hans Helling이 번역한 독일어판《예수의 생애》, 라이프치히 o. J., 261~263쪽.

158 인간의 육체를 영혼의 무덤이라고: 플라톤,《고르기아스》493 a, 《크라틸로스》400 c,《파이돈》62 b와 비교할 것.

159 프리드리히 빌헬름 요제프 셸링Friedrich Wilhelm Joseph von Schelling: 1775~1854. 피히테, 헤겔과 함께 독일 관념론의 대표자에 속한다.
"전수자는 전수를 받아들임으로써 …": 셸링,《Über die Gottheiten von Samothrake》(사모트라케의 신들에 대하여), 슈투트가르트/튀빙엔 1815, 40쪽
아이데시오스Aedesios: A.D. 4세기. 신플라톤주의 철학자. 이암블리코스 학파.
"그대가 언젠가 신비에 참여한다면, …": 전승에 의하면, 아이데시오스는 율리안 아포스타타Julian Apostata에게 이 말을 했다. 요제프 비데Joseph Bidez,《Julian der Abtrünnige》(배교자 율리안), 헤르만

	린Hermann Rinn 역, 뮌헨 1940, 40쪽.
164	부르크하르트Jacob Burckhardt: 1818~1897. 스위스 바젤 출신의 예술사가, 문화사가.
	신비를 두고 "결코 분명해지지 않을" 일들이라고: J. 부르크하르트, 《Die Zeit Constatins des Großen》(콘스탄티누스 대제 시대), 전집 제2권, 펠릭스 스텔린Felix Stähelin 편, 바젤 1929, 163쪽.
	아이스킬로스가 … 그를 처벌하지 않을 수 없었던 것 …: 이 책 19쪽 참조.
175	필론: 필론, 《De specialibus legeibus》(특별한 법들에 대하여) I, 47
186	필론: 이에 관해서는 43쪽을 위한 주석 참조. 《De vita contemplative》(명상적 삶에 대하여). 이 저술은 이집트에 사는 치료사들에 관한 것이다.
	"공동체 회원들의 집은 …": 필론, 《De vita contemplative》(명상적 삶에 대하여) 24 이하.
187	"그들은 또한 … 옛 저자들의 작품도 갖고 있다.": 위의 책 29
	"그들에게 있어서 신성한 글들에 대한 해석은 …": 위의 책 78
190	조하르: "광채". 카발라의 주된 경전으로, 창세기에 대한 주석의 형태로 되어있다.
191	"어떤 것도 세상에서 없어지지 않고, …": 조하르 II, 110 b. 이에 대한 청중의 대답은 이렇다. "오, 노인이여, 무슨 일을 하신 겁니까? …" 이 책 116쪽 참조.
193	알렉산드리아의 클레멘스Clemens: A.D. 150~215 경. 철학자, 알렉산드리아 교리학교의 교부.
	"하느님은 … 금지하지 않았다.": 알렉산드리아의 클레멘스, 《Stromateis》(글모음), 권 I, 1장~13장 1/13
195	디오니시우스 아레오파기타Dionysius Areopagita: 아테네 아레오파고

스(귀족평의회)의 일원으로, 바울로의 도움으로 그리스도교로 개종했다. (사도행전 17장 34절) A.D. 500년 경에 시리아에서 그의 이름으로 된 그리스도교적- 신플라톤주의적인 저술들이 발간되었다. 《천상의 위계에 관하여》,《교회의 위계에 관하여》.

198 루돌프 슈타이너,《Die Mystik im Aufgange des neuzeitlichen Geisteslebens》(근대 정신 활동 출현기의 신비주의), Berlin 1901, GA 7

202 "우리가 만들어진 모든 사물들을 보는 것은 …": 아우구스티누스, 《Confessiones》(고백록) XIII, 38 (원문 문구대로는 아님)

"아버지의 길을 모범으로 삼아 따라가고 …": 필론,《De confusione linguarum》(언어들의 혼란) 63. 본서 67쪽 참조.

203 "한처음에 하느님께서 하늘과 땅을 창조하셨다. …": 창세기 1장 1, 2절.

"셀 수 없이 많은 빛을 내보내는 근원적 광채": 필론,《De Cherubim et flammeo gladio》(케루빔 찬사들과 불의 칼에 대하여) I, 97

"그런데 이제 우주를 만들었던 아버지는 …": 플라톤,《티마이오스》 37 c, d

"하느님께서 보시니 좋았다": 창세기 1장 31절.

206 "나는 육체성의 잠에서 깨어나 …": 플로티노스,《IV. Enneade》(엔네아데스 권4) 8, 1

"영혼들이 내세에서 유래하고 …": 플로티노스,《V. Enneade》(엔네아데스 권5) 1, 1

207 "영혼의 육체 생활과 그 물결은 평온할지어다. …": 플로티노스,《V. Enneade》(엔네아데스 권5) 1, 2

"태초에 일어난 일, …": 요한 1서, 1장, 3장

208 "신은 세계 육체에 십자가 형태로 세계 영혼을 펼쳐놓았다. …": 이

책 66쪽을 보라.

211 오리게네스Origenes: (A.D. 185~254 경). 교부, 클레멘스의 교리학교 후계자. 그의 신학은 그후 교부들 사이에서 격렬한 논쟁을 불러일으켰다.

나지안조스의 그레고리오스Gregorios: A.D. 330~390. 교부, 카파도키아 출신의 설교자. 일시적으로 콘스탄티노폴리스의 총대주교였다.

히에로니무스Hieronymus: A.D. 347~420. 교부. 베틀레헴의 수도원장으로 살았다. 최초로 성서를 라틴어로 옮겼다("불가타Vulgata").

212 "하느님을 생각하려 할 때 나는 …": 아우구스티누스, 《Confessiones》(고백록) V, 10장 19

213 "나는 땅에 물었고 …": 아우구스티누스, 《Confessiones》(고백록) X, 6장 9

"공기와 불에 생명력이 있는지에 관해서는 …": 아우구스티누스, 《De Trinitate》(삼위일체론) X, 14

214 "우리는 존재한다. 그리고 우리는 우리의 존재를 인식하며 …": 아우구스티누스, 《De civitate Dei》(신국론) XI, 26

215 아우렐리우스 암브로시우스Aurelius Ambrosius: 교부, 밀라노 주교.

"정신으로 신비적 베일을 들어 올리면서": 아우구스티누스, 《Confessiones》(고백록) VI, 4장 6

"신비를 입증하지 못한 것을 믿으라는 공동체의 계명은 …": 아우구스티누스, 《Confessiones》(고백록) VI, 5장 7

"누가 현혹되어 사도들의 교회가 …": 아우구스티누스, 《Contra Faustum》(반파우스트론) XXXIII, 6장

216 "오늘날 그리스도교라고 불리는 것은 …": 아우구스티누스, 《Retractationes》(수정修正사항들) I, 13장 3

"그대들은 진실 속에서 평화를 …": 현재까지 확인된 바 없음.

217 "이제 최고의 참된 선의 어떤 환희와 …": 《De quantitate animae》
(영혼의 크기에 대하여) I, 23장 76
저자의 《비밀학》에 대한 필자의 개관에서 … : 루돌프 슈타이너,
《비밀학 개요》(1910). 28판. 도르나흐 1968. GA 13(문고판: tb 601)

인명색인

괴테, 요한 볼프강　60
그레고리오스 나지안조스의　211
그레고리오스, 니사의　67
다윈, 찰스　20 (226)
디오니시우스 아레오파기타　195, 219
라이엘, 찰스　20
렙시우스, 리하르트　122
루카 (복음사가)　128 - 132
르낭, 에르네스트　152 - 156
마르코 (복음사가)　143
마이레더, 로자　8, 10
마태오 (복음사가)　129, 137
메니포스　30
모세　22, 203
미드, G. R. S.　186, 194
뵈티허, 카를　117
부르크하르트, 야콥　164
붓다　102, 127 - 135
브록도르프 백작 부부　225
비르츠, 앙투안　6

살루스티우스　97
셰익스피어, 윌리엄　161
셸링, 프리드리히 빌헬름 요제프　159, 224
소크라테스　72 - 81, 90 - 91, 99 - 100, 110
소포클레스　32
솔론　82 - 83, 92
쉬레, 에두아르　9, 120
슈마이델, 오토　141
슈트라우스, 다비트 프리드리히　60
아리스토텔레스　65
아우구스티누스　136, 202
아이데시오스　159
아이스킬로스　26, 164
암브로시오스　215
엠페도클레스　61 - 64, 103 - 104, 122
오리게네스　211
요한 (복음사가)　134 - 136, 140 - 149

요한네스 스코투스 에리우게
   나 219
잉거솔, 로버트 G. 19
자이델, 루돌프 128
치터, 모리츠 10
콘스탄티누스 황제 159
크세노파네스 43 - 47
클레멘스, 알렉산드리아의 193, 211
키케로 41
토마스 아퀴나스 218
플라이더러, 에드문트 50
플라톤 32, 49 - 50, 63, 70 - 72, 81
   - 86, 89 - 93, 99 - 102, 146,
   158,
플로티노스 98 - 99, 206 - 209

플루타르코스 26, 35 - 38, 41, 51,
   159
피타고라스 64 - 68, 146,
핀다로스 64
필론, 알렉산드리아의 56, 86 - 88,
   142, 175, 186, 200 - 204
하르나크, 아돌프 폰 8, 140 - 141
해켈, 에른스트 7 - 9, 20,
헤라클레이토스 36, 50 - 59, 64,
   89 - 90
호메로스 54, 113 - 117
히에로니무스 166
히폴리토스 69

참고문헌

(GA - 루돌프 슈타이너 전집 번호)
이 책의 내용을 더 넓고 깊게 이해하기를 원하는 사람을 위하여
루돌프 슈타이너가 제안한 전집과 강연 목록

저서

《Die Mystik im Aufgange des neuzeitlichen Geisteslebens und ihr Verhältnis zur modernen Weltanschauung》(근대 정신활동 출현기의 신비주의), GA 7

《Die Geheimwissenschaft im Umriss》(비밀학 개요), GA 13

《Die geistige Führung des Menschen und der Menschheit》(인간과 인류의 정신적 인도), GA 15

〈Kosmologie, Religion und Philosophie》(우주론, 종교, 철학), GA 25
한국어판《철학, 우주론, 종교,》, 한국인지학출판사 2018

강연

《Die Philosophie des Thomas von Aquino》(토마스 아퀴나스의 철학), 3회 강연. 도르나흐, 1920년 5월 23, 24, 25일. GA 73

《Vor dem Tore der Theosophie》(신지학의 문 앞에서), 14회 강연. 슈투트가르트, 1906년 8월 22일 ~ 9월 4일, 질의응답 2회. GA 95

《Ursprungsimpulse der Geisteswissenschaft》(정신과학의 근원적 충동), 21회 강연. 베를린, 1906년 1월 29일 ~ 1907년 6월 12일. GA 96

《Das christliche Mysterium》(그리스도교 신비), 31회 개별 강연과 6회의 질의응답. 여러 도시, 1906년 2월 ~ 1907년 3월 17일. GA 97

《Menschheitsentwicklung und Christus-Erkenntnis. Das Johannes-Evangelium 》(인

류의 발달과 그리스도 인식. 요한 복음서), 14회 강연. 카셀, 1907년 6월 16~29일. GA 100

《Johannes-Evangelium》(요한 복음서), 12회 강연. 함부르크, 1908년 5월 18~31일. GA 103

《Die Apokalypse des Johannes》(요한 묵시록), 도입 강연 1회 포함 13회 강연. 뉘른베르크, 1908년 6월 17~30일. GA 104